WWWas?

Alles, was du schon immer übers INTERNET wissen wolltest

Ein Buch von Jan von Holleben
Mit Texten von Jane Baer-Krause und Kristine Kretschmer

Gabriel

Inhalt

Weltweit vernetzt – Wann, wie und warum das Internet entstand

Was ist das Internet eigentlich genau?

Genau genommen handelt es sich dabei nur um eine Möglichkeit, und zwar die, von unserem eigenen Computer Milliarden andere auf der ganzen Welt zu erreichen. Dabei hilft uns ein gigantisches Netz aus Kabeln und Funksignalen. Über diese Verbindungen verschicken wir pausenlos kreuz und quer Nachrichten, Bilder, Musik oder Videos rund um den gesamten Erdball und beschaffen uns umgekehrt Informationen aus aller Welt. Zum Beispiel erfahren wir, ob Japaner auch Katzen als Haustiere halten oder welche Musik bei Kindern in Australien gerade besonders beliebt ist. Alle Informationen flitzen in Form von Datenpaketen in Sekundenschnelle durch die Wand oder durch die Luft über Länder und Berge hinweg. Sogar Ozeane durchqueren sie auf dem Weg an ihr Ziel durch das millionenfach verzweigte Netz. Nach ihm ist das Internet auch benannt. »Internet« ist nämlich die Abkürzung für »Interconnected Networks«. Das heißt »verbundene Netze«.

Wer hat das Internet erfunden?

Die Idee hatten vor rund 50 Jahren der Informatiker Paul Baran, der Physiker Donald Watts Davies und andere Wissenschaftler. Und zwar in geheimer Mission des amerikanischen Militärs. Damals drohte Krieg und das amerikanische Militär suchte nach einer unzerstörbaren Technik für den Austausch geheimer Nachrichten. Alle Botschaften liefen in dieser Zeit über Zentralen. Diese waren leichte Angriffsziele für Feinde. Wenn sie ausfielen, ging fast gar nichts mehr. Der Trick der Tüftler: Sie verbanden Computer in vier weit voneinander entfernten Städten ohne eine Zentrale über mehrere Leitungen miteinander. Fiel nun ein Teil der Anlage aus, führten immer noch viele andere Wege zum Ziel. Das war der Vorgänger des heutigen Internets. Er hieß Arpanet und wurde 1969 in Amerika eingeweiht. Mit heutiger Technik war dieses erste Netzwerk jedoch keineswegs zu vergleichen. Die Computer waren so groß wie Kühlschränke und ruckzuck überlastet. Bei der Generalprobe 1969 tauschten Baran und Davies nur drei Buchstaben über ihre Rechner aus: LOG für *Login*. Zum G soll es schon nicht mehr gekommen sein: Angeblich liefen die Computer heiß und stürzten ab. Wenig später funktionierte aber alles schon viel besser.

Trotzdem schlug die Idee ein wie der Blitz. Als erste ausländische Einrichtung schloss sich die Londoner Universität dem amerikanischen Netz an. Schnell kamen viele weitere Computer, kleine Netzwerke und Dienste hinzu. Auch *E-Mail* gab es schon. Aber von dem bekanntesten Dienst im Internet ahnte damals noch niemand etwas. Das *World Wide Web* musste nämlich erst noch erfunden werden.

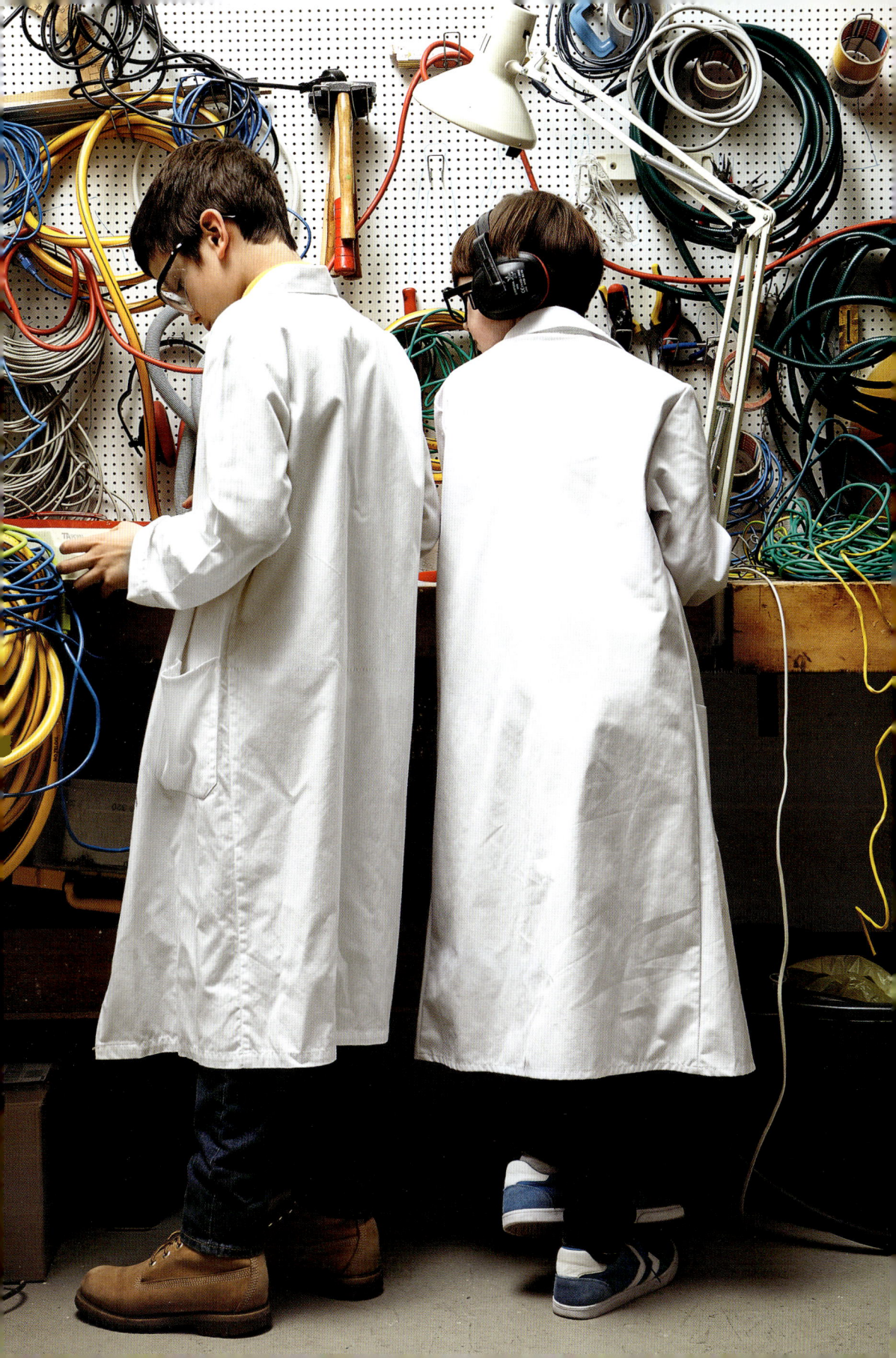

Wer war der erste *User*?

»*User*« heißt »Nutzer«. Die ersten *User* waren Mitarbeiter des amerikanischen Militärs. Sie surften 1969 noch allein im Arpanet, dem Vorgänger des Internets. Schon bald erlaubten sie aber auch Wissenschaftlern, ihre Forschungsergebnisse mit anderen Universitäten über das Netz auszutauschen. 1981 gehörten 231 Computer dazu, 1985 waren es 2000, zwei Jahre später 27.000. Sie standen fast alle in Universitäten oder sehr großen Firmen. Auch die Hochschulen in Dortmund und Karlsruhe machten schon mit.

1990 schalteten die Amerikaner das Arpanet ab. Da war das Internet bereits für alle Menschen der Welt freigegeben. Gleichzeitig wurden die ersten Personal Computer, kurz PC, erschwinglich. Nur wenig später startete das *WWW* und jeder »normale Mensch« konnte dank der neuen *Browser* und anderer Computerprogramme plötzlich Texte und Bilder downloaden, *E-Mails* schreiben und auf *Websites* aus aller Welt surfen. Das war der Startschuss für den Massenansturm ins Internet.

×100

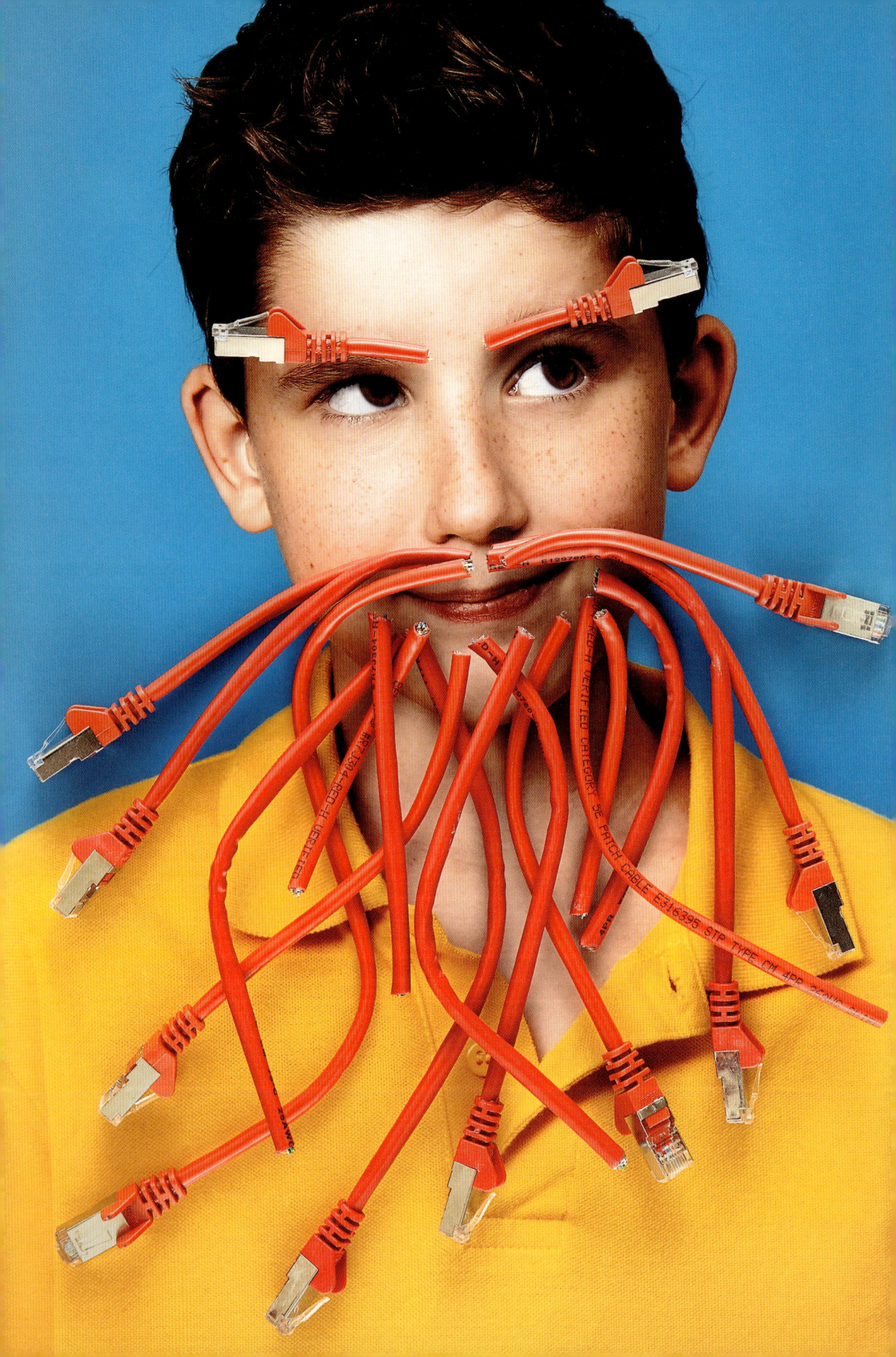

Wie lange hat es gedauert, das *World Wide Web* zu programmieren?

Der Aufbau des *World Wide Web*, kurz *WWW*, hat rund vier Jahre gedauert. 1993 war es geschafft: Das war der Start für den Teil der Internetwelt, in der du heute viele Millionen *Websites* findest.
Erfinder des *WWW* ist der Engländer Tim Berners-Lee. Er arbeitete damals an einem Forschungsinstitut in der Schweiz. Sein Team tauschte mit Wissenschaftlern aus der ganzen Welt Arbeitsergebnisse aus. Das war oft sehr umständlich, denn es gab viele verschiedene Computersysteme, und Dateien ließen sich nicht einfach untereinander austauschen. Dafür brauchte man spezielle Kenntnisse. Doch dann hatte Berners-Lee eine gute Idee, wie er sich und seinen Kollegen rund um die Erde die Arbeit erleichtern konnte. Dafür führte er zwei Techniken zusammen: das Internet und *Hypertext*. *Hypertext* machte es möglich, Texte, Bilder und andere Flächen zu verlinken. Außerdem entwickelte Berners-Lee ein neues Programm, den *Webbrowser*. Durch sein Fenster können wir die *Websites* sehen. So war es plötzlich kinderleicht, per Klick auf die verlinkten Flächen auf einer Webpage oder zwischen den *Websites* und anderen Diensten hin und her zu springen. Das macht es allen Menschen möglich, auch ohne besondere Computerkenntnisse im Internet zu surfen.

Findet man im *WWW* alles?

Fast alles. In der Freizeit, für die Schule und im Beruf surft fast jeder heute nur im *WWW*. Dort findest du die vielen *Websites* mit spannenden Infos, kniffligen Spielen, lustigen Filmen und unzähligen anderen Dingen, auf die du oft auch zufällig stößt.

Das *World Wide Web* hat aber auch noch Nachbarn. Wenn du zum Beispiel *E-Mails* verschickst, über das Internet telefonierst, mit Freunden online spielst, in manchen *Chats* oder *Foren* mitredest, Radio hörst oder eine Fernsehsendung im Internet verfolgst, dann nimmst du dafür einen anderen Dienst in Anspruch. Sie alle sind im Internet miteinander verbunden.

Konnte man von Anfang an *E-Mails* verschicken?

Die erste *E-Mail* verschickte 1971 der Amerikaner Ray Tomlinson. Er arbeitete damals schon an einem Computer und musste auf schnellstem Wege Unterlagen an eine weit entfernte Adresse senden. Kurzerhand entwickelte er das erste E-Mail-Programm der Welt und nahm es auch umgehend mit seinem Kollegen in Betrieb. In Deutschland trudelte die erste *E-Mail* erst 1984 ein. Darin begrüßte Laura Breeden von der Uni Massachusetts ihren Kollegen Michael Rotert an der Hochschule in Karlsruhe mit einem nicht ganz richtig geschriebenen »Wilkomen!«. Lauras *E-Mail* an rotert@germany war 16 Stunden und 7 Minuten unterwegs.

Wer macht im Internet alles mit?

Im Internet gibt es Macher und Benutzer. Zu den Machern gehören Techniker, Programmierer, *Provider*, die Betreiber der *Websites*, Webdesigner, Redakteure und viele andere. Die Techniker konstruieren alle Geräte und das Zubehör. Die Programmierer entwickeln Programme, die den Geräten erklären, wie sie auf unsere Befehle reagieren sollen. Den *Zugang ins Internet* geben uns die Internetprovider. Sie halten alle Leitungen und Funkverbindungen bereit. Die Webprovider vermieten und betreuen in großen Rechenzentren die *Server*, die rund um die Uhr Unmengen an Daten verarbeiten und speichern. Auch alle *Websites* liegen auf *Servern*. Sie werden von Redaktionen, Projektleitern oder den Seitenbetreibern erdacht und von Webdesignern gestaltet. Programmierer sorgen auch hier dafür, dass alles richtig erscheint und funktioniert. An großen Online-Projekten sind außerdem oft Fotografen, Grafiker, Filmteams, Spiele-Entwickler, Moderatoren, Experten für den Inhalt oder andere beteiligt – je nachdem, worum es in dem Angebot geht. Oft stecken also viele Menschen und ein großer Aufwand dahinter, damit du auf einer *Website* etwas lernen, spielen, dich mit anderen austauschen und spannende Dinge erleben kannst.

Hat das *WWW* Öffnungszeiten?

Nein, das *WWW* hat nie geschlossen. Es steht jedem rund um die Uhr und um den ganzen Erdball offen. Allerdings erreichst du manche Angebote nur an bestimmten Tagen oder zu bestimmten Uhrzeiten. Dazu gehören *Chats*, die live *moderiert* werden. Auch in manchen *Foren* musst du auf die Veröffentlichung deiner Beiträge warten, bis die Redaktion sie freigeschaltet hat.

Muss man im Internet Eintritt bezahlen?

Ja, das Internet hat nämlich einen »Eingang mit Kassenhäuschen«. Der Eingang heißt *Zugang*, das Eintrittsgeld Tarif. Das Eintrittsgeld bekommt der *Internetprovider*. Er lässt dich »rein« und über die Leitungen und Funksignale surfen, die alle kleinen und großen Computer miteinander verbinden. Beim Kauf der Eintrittskarte stehen unterschiedliche Angebote zur Wahl. Fast so wie im Schwimmbad, wo du Tickets für zwei Stunden, eine Tages- oder eine Jahreskarte bekommen kannst. Wenn du »drin« bist und im Internet etwas einkaufst, dann musst du diese Dinge in den Online-Shops zusätzlich bezahlen. So wie die Süßigkeiten am Schwimmbad-Kiosk. Die Nutzung der meisten anderen Angebote im Internet ist frei.

Können alle Menschen gleichzeitig surfen?

Die Zahl der *User* ist riesig: Mehr als drei Milliarden Menschen starteten Anfang 2016 schon allein von zu Hause aus ins Internet. Viele weitere surften auf Smartphones, Tablets und anderen mobilen Geräten. So viel ist sicher: Hätten sie sich alle gleichzeitig zum Surfen verabredet, dann wären die Netze zusammengebrochen und in den *Browser*fenstern hätte sich nichts mehr gerührt. Doch zum Glück wird es nur ab und zu gegen Abend in manchen Stadtteilen eng, wenn viele Nachbarn nach Feierabend *E-Mails* checken, online spielen und noch etwas daddeln. Dann gerät ein Online-Film schon mal ins Stocken. Damit auch das in Zukunft nicht mehr passiert und außerdem noch viel mehr Menschen das Internet nutzen können, werden überall immer mehr und immer dickere Kabel verlegt. Sogar quer durch den Atlantik ist eine neue Verbindung geplant.

Kommt man auch in der Wüste »rein«?

Bald ist auch das vielleicht schon möglich. Dann sollen ganze Schwärme von Minisatelliten ihre Funksignale aus dem All bis in den letzten Winkel der Erde schicken. Auch in die Sahara, in die Antarktis und nach Sibirien. Denn dort haben die Menschen bisher noch keinen *Zugang ins Internet*.

Unsichtbar, aber genial – Was man im Internet alles findet

Gibt es im Internet alles, was es auch im echten Leben gibt?

Auch online kannst du Freunde treffen und mit ihnen über Bilder lachen oder mit ihnen spielen. Du kannst eine Blumenwiese auf einer Alm und Eisberge in Grönland bestaunen, einen Sprachkurs machen oder für deine Hausaufgaben Infos suchen. Du findest Musik und Filme, Geschäfte, Hilfe in allen Lebenslagen und sicher läuft dir beim Surfen auch mal ein Hund über den Weg. Das alles machen die verschiedenen Dienste und Angebote im Internet möglich: *Chats, Foren* und andere *soziale Netzwerke* gehören dazu, auch Nachrichtendienste, Bilderdienste, Suchmaschinen natürlich, Onlineshops und all die Plattformen und Angebote im *WWW*.

Und doch gibt es Unterschiede zum echten Leben. Am Computer können wir nur sehen und hören. Wir können uns nicht umarmen, nicht mit dem Hund herumtoben, wir können die Blumenwiese auf dem Bildschirm nicht riechen und den Polarwind auf unserer Haut nicht spüren.

Kann man im Internet auch Hamster kaufen?

Das Internet ist auch ein riesiges Kaufhaus mit einem gigantischen Angebot. Darin kannst du rund um die Uhr stöbern. Auch Hamster krabbeln in manchen Onlineshops herum. Schon mehr als jeder Zweite kauft in Deutschland mindestens ab und zu im Internet ein. Die Renner waren bisher Kleidung, Sportartikel, Bücher und Spielzeug. Aber auch Reisen, Tickets für Veranstaltungen, Filme und Musik sind Hits. Bargeld gibt es im Internet nicht. Die Rechnung wird zum Beispiel per Kreditkarte, Vorkasse oder Bankeinzug vom Konto beglichen. Wenn auch du online shoppen möchtest, dann können deine Eltern für dich auf manchen Websites ein »Taschengeldkonto« eröffnen. Toll ist am Kaufhaus Internet: Du kannst Angebote und Preise vergleichen und schon wenige Tage nach der Bestellung kommt dein Einkauf zu dir nach Hause. Der Nachteil: Weil immer weniger Leute Geschäfte besuchen, müssen manche von ihnen schließen. Dann verlieren die Angestellten ihre Arbeit und können dich nicht mehr beraten. Sogar der Hamster leidet, denn je weiter seine Anreise ist, desto länger muss er sich fürchten. Es sei denn, er ist ein Kuscheltier.

Wie viele *Websites* gibt es eigentlich?

Die Zahl stimmt nie, denn sie steigt blitzschnell. Am 24. Februar 2016 um 12 Uhr mittags waren weltweit exakt 993.896.910 *Websites* im Internet angemeldet. Eine Minute später waren es schon 280 mehr. Kannst du ausrechnen, wie viele es jetzt sind? Allerdings ist dein Ergebnis immer nur ungefähr richtig, denn mal kommen mehr und mal weniger neue Angebote hinzu.

Warum muss man sich auf manchen *Websites* anmelden?

Deine *E-Mails* gehen nur dich etwas an und dein *Profil* in einem *sozialen Netzwerk* soll außer dir selbst niemand ändern. Darum brauchst du auch im Internet einen privaten Bereich, zu dem nur du Zutritt hast.

Bei der Registrierung füllst du ein Online-Formular aus und gibst dort auch einen Benutzernamen und ein sicheres Passwort an. Sie sind der »Schlüssel« zu deinem privaten Benutzerkonto. Welche Daten noch abgefragt werden, hängt vom Angebot ab. Oft brauchst du auch noch eine E-Mail-Adresse. Fülle die Formulare am besten immer zusammen mit deinen Eltern aus und gib so wenig wie möglich von dir preis. Auch in manchen *Chats, Foren* und bei Onlinespielen musst du dich anmelden, damit dir deine Beiträge zugeordnet und deine Spielstände gespeichert werden können. Dort reicht meist ein Fantasiename aus. Möchtest du als Kinderreporter auf einer Seite mitmachen, dann musst du auch eine Telefonnummer oder E-Mail-Adresse angeben. Schließlich willst du ja erreichbar sein, wenn du einen Einsatz hast.

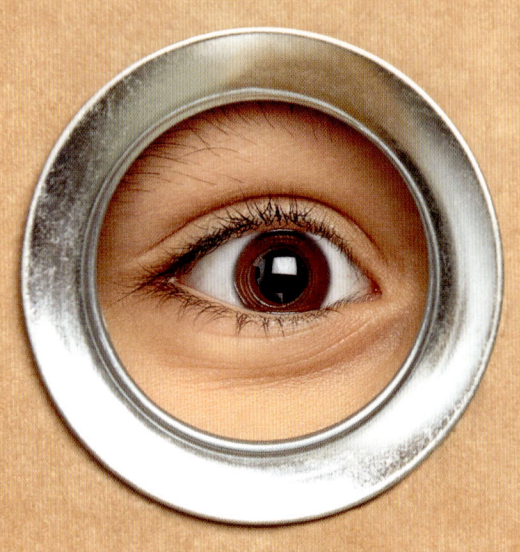

Gibt es Räuber im Internet?

Ja. Und leider werden die Fieslinge nur sehr selten erwischt. Sie schleichen unsichtbar durchs Internet, spionieren dich aus, stehlen Passwörter, betrügen, bedienen sich unter fremden Namen in Onlineshops, und rauben sogar Banken aus. Viele Abzocker tarnen sich mit Namen und Adressen völlig Unschuldiger.

Wenn du schlauer bist als sie, haben sie aber kaum eine Chance:

- Versiegele alle deine *Zugänge* mit supersicheren Passwörtern.
- Verrate außer bei einem *Login* niemals deinen richtigen Namen und deine Adresse.
- Die *Software* auf deinen Geräten sollte regelmäßig aktualisiert werden.
- Eine *Firewall* schützt deinen Computer.
- Kaufe möglichst nur in Shops mit dem Siegel »*Trusted Shops*«.
- Öffne in *Chats*, *E-Mails* oder Postfächern nur *Links* und Anhänge, wenn du den Absender kennst und dir sicher bist, dass er dir etwas schicken wollte.

Wann ist ein Passwort sicher?

Ein Passwort ist dann sicher, wenn es komplett verzwickt ist, überhaupt keinen Sinn ergibt und aus einem Mix aus Klein- und Großbuchstaben, Zahlen und Sonderzeichen besteht. Es gibt zwei gute Tricks:

Trick 1: Denk dir einen Satz aus, den du dir gut merken kannst, der möglichst auch Zahlen und Zeichen enthält, und verwende von jedem Wort die ersten oder letzten Buchstaben. Beispiel: Jan feiert seinen 9. Geburtstag im Sternen-Zelt. Dein Passwort: Jfs9Gi*-Z

Trick 2: Fotografiere deine Tastatur, drucke das Bild aus und ordne alle Zahlen, Buchstaben und Zeichen komplett neu. So wird aus 6 ein L, aus P wird § ...
Mit dieser »Geheimschrift« ist sogar der Name deiner Freundin sicher. Noch leichter funktioniert diese Methode mit dem Passwort-Schlüssel-Automaten von surfen-ohne-risiko.de.

Grundsätzlich gilt: Verschicke niemals Passwörter per Mail und gib dein Passwort möglichst nur dann an, wenn du es für ein *Login* wirklich brauchst.

Kann man *Cookies* essen?

Viele Engländer naschen *Cookies* für ihr Leben gern. So heißen bei ihnen nämlich Kekse. Im Internet sind damit »Daten-Krümel« gemeint, mit denen man wie im Märchen von Hänsel und Gretel eine Spur legen kann. Du hinterlässt sie beim Surfen. Der Betreiber der *Website* sorgt dafür, dass sie auf deinem Computer gespeichert werden.

Manche *Cookies* helfen dir. Sie merken sich zum Beispiel dein Passwort für deine Online-Spiele, oder andere *Zugänge*, wenn du dafür dein Okay gibst. Dann hast du von deinem Gerät aus auf diese Seiten immer freien *Zugang*. Oder sie speichern im Onlineshop die Waren im Einkaufskorb.

Es gibt aber auch *Cookies*, die dich ausspionieren und Geschäftemachern verraten, welche Seiten du wie oft besuchst. So lernen dich die Unternehmen kennen und können dafür sorgen, dass du beim Surfen viel Werbung für Dinge siehst, die dich interessieren.

Dein *Webprovider* kann sogar über jede deiner Bewegungen Protokoll führen. Das Ergebnis nennt man Surf-Profil. Was damit geschieht, erfährst du nicht. Daher meide *Cookies* nach Möglichkeit. In den meisten *Browsern* lassen sie sich einfach abschalten.

Wo finde ich Aufsätze für die Schule?

Zwei Klicks – und fertig sind die Hausaufgaben. Das wäre schön! Ist aber leider verboten. Wenn du einen Aufsatz von jemand anderem unter deinem Namen abgibst, stiehlst du geistiges Eigentum und verstößt damit gegen das Urhebergesetz.

Sieh dich lieber in *Wikis*, Webkatalogen und Suchmaschinen um. Dort findest du jede Menge Informationen zu jedem Thema der Welt.

Ein *Wiki* ist vor allem ein Online-Lexikon zum Mitmachen. Neben dem großen Wikipedia gibt es für Kinder grundschulwiki.de und klexikon.de.

In Webkatalogen sind Internetangebote nach Themen sortiert. Für dich superpraktisch: der Hausaufgabenhelfer vom internet-abc.de.

Suchmaschinen durchforsten das ganze Netz für dich. Wichtig ist, dass deine Suchworte dein Thema möglichst genau beschreiben.

Darf ich Bilder aus dem Internet für mein Referat benutzen?

Ja, wenn deine Lehrer einverstanden sind, darfst du in einem Referat Bilder und Texte aus dem Internet benutzen und es auch deiner Klasse und deiner Familie zeigen. Das nennt man einen zulässigen privaten Gebrauch. Kann aber jeder dein Referat in der Schulzeitung oder anderswo lesen, brauchst du eine Erlaubnis der Fotografen und Autoren. Sie heißt *Lizenz* und kostet oft Geld. Es gibt aber auch viele freie Texte und Bilder, für die du in keinem Fall bezahlen musst zum Beispiel auf den Kinderseiten find-das-bild.de und auf knipsclub.de. Ein besonderes kostenloses Angebot für private Zwecke findest du auf der Website des Fotografen Jan von Holleben. Viele seiner Bilder darfst du dort sogar in einer Größe downloaden, die du in einer guten Qualität als Poster, auf einem T-Shirt oder auf andere Weise drucken kannst.

Bedingung ist in jedem Fall eine Quellenangabe. Sie steht meist am Ende des Referates. Darin nennst du den Namen des Fotografen oder Autors. Verschweigst du ihn oder gibst du dich sogar selbst als Autor aus, riskierst du eine Anzeige bei der Polizei wegen des Verstoßes gegen das *Urheberrecht* und in der Schule auch Ärger wegen Betrugsversuchs.

Warum gibt es sogar auf manchen Kinder-Websites Werbung?

Werbung nervt. Fast immer. Das findest nicht nur du, sondern auch die meisten Macher von Kinder-Websites. Aber nicht alle können auf Anzeigen verzichten. Vor allem dann, wenn sie dir mehr als Texte, Bilder, Spiele und Videos bieten wollen. Auf Mitmachseiten hast du auch die Möglichkeit, dich in einem *Forum* oder *Chat* zu unterhalten, Fragen zu stellen oder eigene Bilder oder Texte beizutragen. Hinter den Kulissen sitzt dann eine Redaktion. Ihre Mitarbeiter sortieren und bearbeiten alle eure Beiträge, recherchieren und schreiben Antworten auf eure Fragen und denken sich neue Themen aus. Um das alles bezahlen zu können, müssen manche von ihnen Anzeigenplätze verkaufen.

Das machen auch viele Kinder-Websites. Auf einigen findest du Werbung in speziellen Kästen. So kannst du sie gut von den Inhalten unterscheiden und sogar wegklicken. Mit einem speziellen Programm, einem »*AdBlocker*«, lassen sich viele Anzeigen sogar ganz unterdrücken.

Findet man in Suchmaschinen alles?

Mit Suchmaschine meinen viele »Google«. Das ist der Riese unter den Suchmaschinen. Google verarbeitet mehr als 40.000 Anfragen pro Sekunde – und scheint auch noch mitzudenken. Wenn ihr auf drei verschiedenen Computern »Wattenmeer« in das Suchfeld tippt, dann stehen auf der Ergebnisliste deiner Mutter vielleicht die *Websites* der Schutzstationen oben, bei deinem Vater Ausflugsziele an der Nordsee und auf deiner eigenen Trefferliste Bilder von Robbenbabys. Woher Google euch so gut kennt? Google beobachtet jeden *User* ganz genau, merkt sich eure *IP-Adressen*, Suchanfragen, Klicks, *Cookies* und andere Dinge mehr. Der Vorteil für dich: Du findest oft schnell das Thema, das du suchst. Die Haken: Du findest nur, was du finden sollst, und Google zeigt dir genau solche Werbung, die dich besonders zum Einkaufen verführt. Dabei weißt du nicht, was mit all deinen Daten sonst noch geschieht.

Die Ergebnisse deiner Suche hängen aber auch noch von anderen Dingen ab, denn jede Suchmaschine hat ihr eigenes »Kochrezept«. Google.de, bing.com, yahoo.com und andere belohnen *Websites* mit vordersten Plätzen, wenn sie oft etwas Neues anbieten und wenn viele andere Seiten auf sie verlinken. Auf *Cookies* verzichten duckduckgo.com und startpage.com. Und wenn du die Suchmaschine ecosia.org benutzt, dann pflanzt du mit deiner Suche sogar Bäume.

Warum gibt es extra Suchmaschinen für Kinder?

Kindersuchmaschinen spionieren dich nicht aus. Sie zeigen dir zwar weniger Ergebnisse an als die Suchmaschinen für Erwachsene, aber dafür nur Seiten, die für Kinder geeignet sind und deren Sprache und Inhalte du gut verstehst. Die bekanntesten Suchmaschinen heißen blinde-kuh.de, helles-koepfchen.de und fragFinn.de

Ist YouTube auch eine Suchmaschine?

Rennmaus, Mathehausaufgaben, Popokatepetl oder Mann im Mond – gib in das Suchfeld ein, was du willst: Auf YouTube landest du zu jedem Stichwort unzählige Treffer. Aber nur in Form von Videos. YouTube ist nämlich keine echte Suchmaschine, sondern eine Plattform für Filme und Musik. Fast alle werden von Nutzern eingestellt.

Insgesamt sollen Anfang des Jahres 2016 mehr als eine Milliarde Nutzer zusammen täglich mehrere Hundert Millionen Stunden Videos angesehen haben, sagt der Herausgeber der Plattform. Meist geht es darin um Spaß und Unterhaltung. Aber auch Erklärfilme, Bau- und andere Anleitungen und sogar Sprachkurse sind sehr beliebt. Die kleinen Filme verraten dir, warum Kängurus einen Beutel haben, zeigen dir Tricks für die Fahrradreparatur und üben mit dir Gitarre.

Außerdem sind Trends ein großes Thema. Was ist gerade hip im Sport und in der Mode? Welches Spiel und welche Musik sind angesagt? Das alles kannst du kostenlos und ohne Anmeldung verfolgen und kommentieren oder per *Link* an deine Freunde weiterschicken. Allerdings sind nicht alle Filme für Kinder geeignet. Und immer mehr Firmen und Stars schwärmen auf YouTube nicht nur von ihren neuesten Produkten oder Musikvideos, sondern wollen, dass du ihre Sachen direkt kaufst.

Kann bei YouTube jeder was einstellen?

Dazu ruft YouTube sogar auf. Übersetzt heißt der Name ungefähr »dein Fernsehen«. Damit ist gemeint, dass du nicht nur zuschauen, sondern das Programm selbst mit gestalten sollst. So wie zig andere *User* auch. Sie laden in jeder Minute angeblich mehr als 100 Stunden Videos hoch.

Das macht das Angebot kunterbunt – hat aber auch einen Haken: YouTube hat keinen »Giftschrank« für Sexfilme, Mobbing, Gewalt oder Terror. Niemand kontrolliert und sortiert die Inhalte und ihre Herkunft. Daher kann es dir passieren, dass du auf der Suche nach Infos über Piraten plötzlich auf ein Video mit schrecklichem Kriegsgemetzel stößt. Über solche und andere unheimliche Videos sprichst du am besten mit deinen Eltern. Ihr könnt diese Filme direkt auf YouTube melden. Dann werden sie dort überprüft und vielleicht gelöscht. Um für deine eigenen Filme einen YouTube-Kanal zu eröffnen, musst du mindestens 13 Jahre alt sein. Das Angebot kostet kein Geld, aber dafür musst du ein Benutzerkonto einrichten. Gib auch hier nur die Pflicht-Daten an. Und vor allem: Zeige auf YouTube nur deine eigenen Filme und deine eigene Musik. Überlege dir genau, was du von dir preisgeben willst. Auch alle an deinem Film Beteiligten müssen einverstanden sein. Was einmal auf YouTube steht, lässt sich schwer wieder aus der Welt schaffen.

Stimmt alles, was im Internet steht?

Nein, Fehler gibt es aus den unterschiedlichsten Gründen überall im Netz. Manche Informationen sind veraltet, andere waren schon immer falsch. Einige Verfasser wissen es auch einfach nicht besser. Wieder andere schummeln mit voller Absicht. Wenn du auf »Nummer ziemlich sicher« gehen möchtest, dann surfe nur auf zuverlässigen *Websites*. Sie nennen den Herausgeber, bieten eine Kontaktmöglichkeit an und kennzeichnen Werbung. Die Texte sind fast fehlerfrei geschrieben und mit anderen *Websites* verlinkt. Sie enthalten ein Datum und auch Autor und Quellen sind genannt. Und natürlich verletzen gute *Websites* niemals Gefühle anderer Menschen. Wenn du auf diese Dinge achtest, kann nicht allzu viel schiefgehen. Aber ganz sicher vor Fehlern bist du nirgendwo.

Hat Wikipedia immer recht?

Beim Surfen auf Wikipedia träumen manche Menschen von Palmen, super tollen Wellen und weißem Strand. Das Wort »*Wiki*« kommt nämlich aus Hawaii. Es heißt »schnell«. »Pedia« ist ein Teil des englischen Wortes »Encyclopedia«. Wikipedia heißt also »Schnelles Lexikon«. Und das steht auf der Hitliste der am meisten besuchten Websites weltweit an zehnter Stelle. Allein in Deutschland, Österreich und der Schweiz stöbern täglich rund 30 Millionen *User* darin. Viele von ihnen machen auch selber mit. Das ist toll, aber auch ein bisschen gefährlich. Denn neben vielen Wissenschaftlern und anderen Menschen, die sich mit den Themen gut auskennen, mischen auch einige Spaßvögel mit – und schleusen nicht selten Unsinn in die Artikel. Andere wissen es nicht besser, wieder andere schreiben über ihre eigenen Firmen, Vereine oder Parteien und mogeln sich etwas besser hin, als sie sind. Daher sei vorsichtig und überprüfe auf Wikipedia gefundene Informationen unbedingt noch einmal. Direkt unter dem Text findest du fast immer eine Liste mit *Links* und geeigneten Quellen.

Was heißt eigentlich *streamen*?

Streamen heißt die Online-Übertragung von Filmen, Musik oder anderen Audiodateien im Internet. Dabei kannst du ein Video ansehen, während es im Hintergrund noch geladen wird. Der Film oder die Musik werden beim *Streamen* nicht als Ganzes heruntergeladen und auch nicht auf deinem Computer gespeichert.

Warum darf man in Tauschbörsen nicht jeden Film *streamen*?

Allgemein gilt in Deutschland: Für deinen privaten Gebrauch darfst du Filme und Musik *streamen* und sie wie Bilder und jede andere Datei auf deinen Computer oder auf dein Smartphone ziehen. Oft sogar kostenfrei. Voraussetzung ist allerdings, dass der Inhalt nicht gegen das Gesetz verstößt und dass der *Urheber* seine Zustimmung gegeben hat. *Urheber* sind Autoren, Fotografen, Musiker und andere, die auch ein Werk erschaffen haben. Nicht immer kannst du herausfinden, ob sie mit einer Kopie ihres Werkes einverstanden sind. Streamst oder kopierst du etwas ohne ihre Einwilligung, ist das eine *Raubkopie*. Damit verstößt du gegen das *Urheberrecht* und bist sozusagen ein Dieb. Noch schlimmer ist es, wenn du das »Diebesgut« zum Beispiel in Tauschbörsen weiterverbreitest oder sogar verkaufst. Weil viele deiner Aktionen im Internet irgendwo mitgeschnitten werden können, wirst du dabei leicht erwischt. Das kann viele Hundert Euro kosten.

Trotzdem ist das *Urheberrecht* keine Schikane. Im Gegenteil: Es soll Autoren, Fotografen und andere *Urheber* vor Schaden schützen. Denn viele von ihnen verdienen mit ihren Texten, Bildern oder Videos ihren Lebensunterhalt wie ein Bäcker mit seinen Brötchen. Daher trifft jeden *Urheber* eine *Raubkopie* so, wie den Bäcker ein gestohlenes Brötchen.

Wie mache ich eigentlich eine *Website*?

Eigentlich ist es wie beim Hausbau: Du brauchst zuerst einen guten Plan für das gesamte Gebäude, für seine Aufteilung, für sein Aussehen und seine Inneneinrichtung, dann ein Grundstück und eine passende Adresse.

Bei der Planung deiner *Website* überlege genau, welche Farben und Formen dir gefallen und zu deinem Thema passen. Gestalte alles möglichst so praktisch und übersichtlich, dass andere Benutzer alles leicht finden.

Die Internetadresse heißt *Domain*. Der Name sollte etwas über den Inhalt deiner *Website* verraten. Ein Fantasiename ist aber auch möglich. Auf denic.de kannst du ausprobieren, ob deine Wunsch-Domain noch frei ist. Denic steht für »Deutsches Network Information Center«. Das betreibt und verwaltet Internetadressen. Dein *Webprovider* meldet deine *Domain* für dich an. Er gibt dir auch einen *Zugang* zu einem *Webserver*. Darauf vermietet er dir den *Webspace*. Das ist der Speicherplatz für deine *Website*. Außerdem bieten viele *Webprovider* »Bausteine« an, mit denen du deine eigene Seite leicht selber gestalten und verwalten kannst. Das ist auch mit einem Content-Management-System (CMS) möglich. *Content* heißt Inhalt, Management bedeutet Verwaltung. Als Verwalter deiner Website bist du der *Administrator*. Mit einem Passwort loggst du dich in den Verwaltungsbereich ein und bearbeitest jede Seite in einem speziellen Formular. Eine richtige Bauanleitung samt Baukasten für deine *Website* findest du zum Beispiel auf primolo.de

Darf ich auf meiner eigenen *Website* zeigen, was ich will?

Im Tierpark stibitzt ein Katta einer Frau den Rucksack und düst damit im Affentempo auf und davon – und das direkt vor deiner Kamera. Ein perfektes Video für deine *Website*, oder? Ja, aber nur, wenn die Frau nichts dagegen hat. Sonst verletzt du ihr »*Recht am eigenen Bild*«. Das besagt, dass du auch selbst fotografierte Bilder und Videos nur veröffentlichen darfst, wenn alle darauf abgebildeten Personen damit einverstanden sind. Ausnahmen gelten für Fotos von Promis, weil sie »Personen öffentlichen Lebens« sind, und für Bilder von einer Menschenmenge in der Öffentlichkeit.

Auch für die Inhalte gibt es Grenzen. Zwar darfst du in Deutschland deine Meinung in Texten und Bildern frei äußern. Das gilt aber nur, solange du damit gegen kein Gesetz verstößt. Verboten sind zum Beispiel Bilder und Texte, die zur Gewalt aufrufen oder Menschen beleidigen könnten. Außerdem darfst du nichts Falsches über andere behaupten. Überhaupt solltest du dir immer überlegen, was du über andere im Internet preisgibst. Auch wahre Aussagen können Schaden anrichten und lassen sich auf deiner *Website* überall in der Welt finden.

Damit Verstöße verfolgt werden können, gehört auf jede professionelle *Website* ein Impressum. Das verrät, wer die *Website* herausgibt und für sie verantwortlich ist, enthält also mindestens den Namen des Herausgebers, seine Anschrift und seine E-Mail-Adresse.

Kann man sich im Internet verlaufen?

Eigentlich nicht: Über den »Zurück«-Button und über das Suchfeld kommst du immer wieder zurück zum Ausgangspunkt. Aber du kannst dich leicht verzetteln. Das kennst du vielleicht: Eigentlich suchst du im Internet Infos für dein Referat über Wasservögel. Du steckst mitten in der Recherche. Plötzlich watschelt eine witzige Ente über den Bildschirm. Cool. Sie ist verlinkt mit einem Enten-Treffen. Das sind aber gar keine Vögel, sondern komische Autos von früher. Mit einem Klick startest du ein Spiel: Entenrennen. Nach zehn Durchgängen wird es langweilig. Da erinnert dich ein Werbebanner mit einem See im Hintergrund an die geplante Bade-Party am Wochenende. Du wolltest dich doch um Rezepte für eine leckere Limonade kümmern. Wo ist bloß der *Link* …? Im Nullkommanichts ist der Tag plötzlich rum. Und dein Referat? Hast du nicht einmal angefangen.

So leicht verliert man beim Surfen im Internet manchmal sein Ziel aus den Augen. Und schon ist ein halber Tag verdaddelt.

**Größter Treffpunkt
der Welt –**

**Wo sich nicht
nur Fans und Nerds
verabreden**

Wie tauscht man sich am besten aus?

Das Internet ist ein gigantischer Treffpunkt und zugleich das größte Transportunternehmen mit den meisten und unterschiedlichsten Kunden aller Zeiten. Dabei bugsiert es eigentlich nur eine einzige Ware durch die Gegend, nämlich Daten. Persönliche Mitteilungen verschickst du über Nachrichtendienste. In *Communitys* und *Foren* tauschst du mit anderen Kindern Tipps und Ideen aus, die sich um ein gemeinsames Hobby oder Lieblingsthema drehen. *Soziale Netzwerke* verbinden die große Gemeinschaft der *User*. Dort stellen sich viele Menschen, Vereine und Unternehmen vor und nutzen den Andrang auch gleich für Geschäfte und Verabredungen oder einfach nur für einen Plausch.

Überall gilt: Sei vorsichtig und gehe im Internet immer davon aus, dass deine Bilder und Nachrichten leicht in falsche Hände geraten können.

Was ist besser –
WhatsApp, SMS oder Snapchat?

Bei einer Wattwanderung siehst du auf einer Sandbank Robbenbabys spielen. Sie stupsen sich vergnügt an und platschen spritzend in einen Priel. Total süß. Mit deinem Smartphone machst du sofort ein paar Fotos für deine Freundin zu Hause.

Online-Dienste für den Datenversand gibt es inzwischen fast wie Sand am Meer und es tauchen immer wieder neue auf. Welchen du nutzt, hängt unter anderem auch davon ab, wie alt du bist. Viele der Dienste kannst du erst ab einem bestimmten Alter nutzen.

Die meisten Nutzer hat derzeit WhatsApp, ein Instant-Messaging-Dienst. Damit lassen sich Nachrichten, Bilder, Videos und alle anderen Dateien kinderleicht an deine Freundin oder sogar mehrere Kontakte verschicken. Allerdings nur, wenn die Empfänger auf ihrem Smartphone oder einem anderen mobilen *Endgerät* ebenfalls WhatsApp installiert haben. Dann sucht sich der Dienst über die SIM-Karte den Kontakt und eine Verbindung und schon düsen alle Daten von dir zu ihnen durchs Internet. Um WhatsApp nutzen zu können, musst du 16 Jahre alt sein.

Instagram ist eine *App* für mobile Geräte, mit der du fotografieren, Videos drehen und alles bearbeiten kannst. Wenn du deine Bilder durch einen Filter schickst, sehen sie zum Beispiel alt, schwarzweiß oder knallbunt aus. Verschicken geht nicht, aber dafür kann dir jeder folgen und in deiner »Ausstellung« alle deine neuen Bilder bestaunen. Die Adresse ist wie bei *Websites* eine URL, zum Beispiel www.instagram.com/fantasiename. Stellst du dein Konto auf »privat«, siehst du alle Anfragen und kannst selbst entscheiden, wer deine Bilder sehen soll und wer nicht.

Instagram darfst du ab 13 Jahre nutzen.

Snapchat ist wie ein kleiner Spuk. Mit diesem Dienst verschickst du Fotos und Videos. Schaut deine Freundin nicht schnell genug hin, sind alle Bilder schon wieder verschwunden. Jedes Foto und jedes Mini-Video ist nämlich nur zehn Sekunden lang zu sehen, dann wird alles wieder gelöscht. Mit einem Trick lässt sich die Frist verlängern: Sammelst du alle deine Fotos als »Schnipsel« in einem Tagebuch, kannst du sie dort als Galerie immerhin 24 Stunden lang bestaunen. Auch Snapchat ist eine *App* und nutzt als Verbindung das Internet.

Snapchat ist erlaubt ab 13 Jahre. Wenn du jünger bist, nutze »Snap-kidz«.

Per SMS, den »Short Message Service« kannst du nur Kurznachrichten, aber keine Bilder oder Filme verschicken. Seine Schwester »Multi Media Messaging Service«, kurz MMS, macht das aber möglich. Allerdings schicken beide Dienste die Daten über das Mobilfunknetz und dafür werden Telefongebühren fällig.

SMS sind erlaubt ab 16 Jahre, MMS ab 18 Jahre.

Per *E-Mail* kannst du Texte, Bilder, Videos und Präsentationen an einen oder viele Empfänger gleichzeitig schicken, egal welches Gerät sie benutzen.

Für *E-Mails* gibt es keine Altersbegrenzung. Spezielle Kinder-Mail-Anbieter sind mail4kidz.de und grundschulpost.de

Ist Facebook nun gut oder böse?

Facebook ist das bekannteste *soziale Netzwerk*. Dort kann man sich präsentieren, Videos und Nachrichten *posten*, Nachrichten teilen und *liken*, was einem gefällt. Facebook hat sehr viele Fans, aber auch viele Kritiker, die sich gegenseitig bekämpfen. Hier findest du ihre Argumente und kannst dir selbst eine Meinung bilden.

Die Fans sagen:
- Du gehörst zu einer Gruppe, in der ihr euch unterhalten und verabreden, Tipps tauschen, diskutieren, gemeinsam lachen, euch trösten oder auf andere Weise gegenseitig helfen könnt.
- Du kannst dich auch mit Freunden und Verwandten aus anderen Städten oder sogar Ländern jederzeit austauschen.
- Du übst, dich darzustellen, wenn du dich in deinem *Profil* von deiner besten Seite zeigst.
- Du bekommst Lob und Kritik und lernst dich dadurch selbst besser kennen.

Die Kritiker befürchten, dass persönliche Daten außer Kontrolle geraten. Sie sagen:
- Du musst höllisch aufpassen, dass du nicht zu viel von dir verrätst.
- Es kann sein, dass deine Daten an Firmen geraten, die dich mit Werbung überschütten.
- Du weißt nicht, was mit deinen Fotos geschieht – vielleicht entdeckt sie viele Jahre später dein Chef und das ist dir dann peinlich.
- Du verplemperst beim Herumdaddeln sehr leicht viel Zeit.

Bei Facebook darfst du ab 13 ein eigenes *Profil* anlegen. Dort solltest du festlegen, dass nur deine »Freunde« dein *Profil* sehen können.

Was ist der Unterschied zwischen *Chat* und *Forum*?

Mit Freunden und fremden Kindern kannst du dich in einem *Chat* oder *Forum* »unterhalten«. In beiden *Communitys* meldet ihr euch mit einem Fantasienamen an und bleibt damit anonym.

Im *Chat* kommt ihr zufällig zusammen. Eure kurzen Nachrichten sind meist so schnell zu sehen, dass ihr euch direkt antworten könnt. In einem Themen-Chat dürft ihr Experten mit Fragen löchern, zum Beispiel über Tiere, über den Kapitäns-Beruf oder über Religionen. Nach dem *Chat* sind eure Beiträge nicht mehr zu sehen.

Im *Forum* seid ihr selbst die Experten. Dort dreht sich immer alles um ein spezielles Thema. Zum Beispiel tauscht ihr Erfahrungen und Tipps aus über Pferde, Fußball, Musik, Fahrradreparaturen oder Probleme in der Schule. Eure Beiträge erscheinen oft erst nach vielen Stunden. Dafür könnt ihr sie aber auch nach Monaten oder sogar Jahren noch lesen und kommentieren.

Warum soll im *Chat* niemand wissen, wer ich wirklich bin?

Woher weißt du, ob »Lena« wirklich ein Mädchen und 12 Jahre alt ist? Vielleicht chattest du in Wahrheit mit Paul, der selbst schon erwachsene Kinder hat. Er will dich vielleicht treffen und dich dann zu Dingen überreden, die du nicht willst. Deshalb verrate niemals deinen richtigen Namen, deine Telefonnummer und deine Adresse. Wenn du dich unbedingt mit einem Chat-Freund verabreden möchtest, dann informiere auf jeden Fall deine Eltern und nimm jemanden zum ersten Treffen mit.

Warum dürfen Kinder nicht überall mitmachen?

Bei vielen Diensten begegnen dir zum Beispiel Bilder oder Filme, die nicht für Kinder geeignet sind. Es kann sein, dass manche von ihnen dich erschrecken und schlecht träumen oder vielleicht gar nicht erst einschlafen lassen. Auf solche Inhalte müssen die Anbieter mit einer Altersbeschränkung hinweisen. Tun sie das nicht und du nimmst Schaden, können deine Eltern den Dienst verklagen und Schmerzensgeld für dich verlangen. Die Angabe einer Altersbegrenzung soll also dich und auch den Anbieter schützen. Wenn du seinen Dienst ab 13 schon mit 12 Jahren nutzt, wird dich die Polizei dafür aber nicht verhaften.

Warum erscheinen manche Beiträge
im *Chat* oder *Forum* nicht?

Sei ehrlich: Hast du gelästert, gepöbelt oder deine E-Mail-Adresse verraten? Dann hast du dafür in einem »vorab moderierten« *Chat* oder *Forum* vermutlich die »Rote Karte« kassiert. Bei einer *Vorab-Moderation* landen deine Beiträge nämlich zuerst in der Chat-Zentrale. Dort verbessern Moderatoren oft Rechtschreibfehler. Vor allem aber achten sie darauf, ob du dich an die Verhaltensregeln im Internet hältst. Sie heißen im Internet *Netiquette* oder Chatiquette.

Dies sind die wichtigsten Regeln:

- Verhalte dich fair und behandele jeden Menschen mit Respekt.
- Benutze nur deinen Vor- oder einen Fantasienamen.
- Verrate niemals deine Telefonnummer, E-Mail-Adresse, Anschrift oder andere Daten.

Strikt verboten sind zum Beispiel Aufrufe zu jeder Form von Gewalt.

Je mehr *User* die Chatiquette einhalten, desto mehr Spaß macht das Chatten, umso mehr Menschen machen mit und umso schöner und bunter wird das Internet.

Kann ich mit mehreren Freunden gleichzeitig skypen?

Beim Skypen führst du genau genommen ein Telefongespräch. Und zwar übers Internet. Dafür installierst du ein spezielles Programm. Darin legst du wie in einem Telefonbuch ein Verzeichnis mit den Skype-Namen deiner Freunde und Verwandten an. Das zeigt dir zu jeder Zeit, ob deine Schwester gerade online ist. Dann klickst du einfach auf ihren Namen und im selben Moment ertönt das Klingelzeichen in ihrem Computer.

Das Tolle: Per Skype könnt ihr für deinen Opa ein Geburtstagslied singen, zusammen mit Tante und Onkel aus Amerika und deiner Schwester, die gerade in Madrid Spanisch lernt. Wenn ihr die *Webcam* anschaltet, habt ihr euch alle im Blick. Fast wie an einem Tisch lächelt ihr euch zu, bewundert die coole Frisur deines Bruders und Opas neuen Hut. Während ihr euch unterhaltet, schickt deine Schwester einige Fotos aus der Umgebung und nachher noch eine Nachricht mit Infos zu ihrer Rückkehr. Das alles ist kostenlos. Nur für einen Anruf ins Mobil- oder Festnetz muss man an Skype etwas bezahlen.

Können mich durch die *Webcam* auch Fremde sehen?

Ja, ab und zu schleichen sich Späher über ein *Virus* ein. Manche beobachten dich beim Chatten, einige sogar noch hinterher. Mit bestimmten Virenschutzprogrammen kannst du ihnen ins Handwerk pfuschen. Zwischen deinen Skype-Sitzungen gehst du mit einem super einfachen Trick auf Nummer sicher: Hänge die *Webcam* einfach zu oder klebe sie ab.

Wenn du die *Webcam* nutzt, verhalte dich immer so wie auf einem öffentlichen Platz. Zeige nichts Peinliches und keine Geheimnisse. Räume alte Socken, leere Joghurtbecher und deine Fußballklamotten auf, wenn du vor der Kamera nicht als überzeugter Aufräum-Gegner Karriere machen willst. Und vor allem klapp dein Tagebuch zu und lass dir beim Eintippen des Passwortes auf keinen Fall auf die Finger schauen.

Kann ich anderen verbieten, ein Foto von mir ins Internet zu stellen?

Ja, denn vor dem Gesetz hast du ein »*Recht am eigenen Bild*«. Dabei spielt es keine Rolle, ob du auf dem Bild lächelst, die Zunge herausstreckst oder in der Nase bohrst. Wenn du dein Bild irgendwo im Internet entdeckst, dann kannst du von dem Herausgeber der *Website* oder dem Betreiber des *Profils* verlangen, das Foto dort zu löschen. Ausnahmen gelten, wenn du als Teilnehmer einer öffentlichen Veranstaltung gemeinsam mit vielen anderen Menschen zu sehen bist.

Warum schreiben Menschen gemeine Sachen im Netz?

Eines Tages kommst du in die Schule und alle lachen sich schlapp. Der Grund: Ein Foto geistert durchs Netz. Darauf ist ein nackter Körper zu sehen. Den Kopf hat jemand ausgetauscht – gegen dein Gesicht. Und darauf prangen lauter dicke, aufgemalte Pickel. Du bist stinksauer und möchtest am liebsten im Boden versinken. Alle anderen haben ihren Spaß. Vor allem das Mädchen, mit dem du ständig Streit hast. Sie lässt sich feiern, denn sie hat sich auch diese Schweinerei mal wieder ausgedacht.

Cybermobbing, so nennt man das, kann jeden treffen und läuft immer ähnlich ab. Die gemeinen Fotos, Beleidigungen oder Gerüchte kommen über WhatsApp, per *E-Mail*, SMS oder verbreiten sich in *sozialen Netzwerken* wie Facebook in Windeseile. Vieles wird gespeichert, weiter verändert und immer wieder verschickt. Die Täter wollen ihr Opfer vor allen anderen bloßstellen, weil sie eifersüchtig sind, weil sie sich vor anderen wichtigmachen oder einfach nur ihren Spaß haben wollen. Aber *Cybermobbing* ist kein Spaß, sondern feiger Terror. Denn anders als auf dem Schulhof müssen die Täter ihrem Opfer dabei noch nicht mal in die Augen sehen.

Wie kann ich mich
gegen *Cybermobbing* wehren?

Egal, woher die Attacken kommen, warte nicht darauf, dass die Angreifer die Lust verlieren. Lass dir auch nicht einreden, dass du sie durch dein Verhalten dazu aufgefordert hast. *Cybermobbing* ist eine Straftat und durch nichts zu entschuldigen. Darum sprich so früh wie möglich mit deinen Eltern oder anderen Erwachsenen. Schreibt gemeinsam einen Bericht über alle Ereignisse und sammelt Beweise. Damit wendet ihr euch an eine Beratungsstelle. Viele Adressen findest du unter mobbing-schluss-damit.de. In den Beratungsstellen arbeiten Schlichter. Sie lesen deinen Bericht und sprechen mit den Tätern und ihren Eltern. Manchmal ist den Angreifern gar nicht klar, was sie angerichtet haben, und es tut ihnen sogar leid. In jedem Fall müssen sie alle Einträge im Netz sofort löschen. Oft hört die Schikane nach einem solchen Gespräch schnell auf. In einigen Fällen kann aber auch erst die Polizei oder ein Gericht die Angreifer stoppen.

Schuldig machen sich übrigens auch »Mitlacher«, die zwar selbst keine Gemeinheiten ins Netz stellen, sie aber weiterleiten. Jeder *User* ist mit dafür verantwortlich, dass wir auch online fair miteinander umgehen.

Im Maschinenraum –
Wie das Internet
funktioniert

Kann man das Internet anfassen?

Teilweise. In diesem Punkt ist uns das Internet ganz ähnlich: Unsere Augen, die Nerven und das Gehirn sind Teile unseres Körpers. Sie erfassen Informationen, leiten sie weiter, verarbeiten sie – und wir können sie anfassen. So wie die Kabel, die Geräte und die übrige *Hardware* im Internet.

Unsere Ideen, Gedanken und Erkenntnisse können wir dagegen nicht berühren. Das gilt im Internet auch für die *Software*. Dazu gehören alle Daten wie die Programme, die dem Computer sagen, wann er ein Spiel starten, eine Textdatei öffnen, eine *E-Mail* verschicken oder ein Foto ausdrucken soll.

Wie komme ich rein?

Kühlschrank, Navi, Fitnessarmband – immer mehr Geräte haben inzwischen einen Anschluss ans Internet. Im *WWW* startest du deine Suche oder ein Spiel in der Regel jedoch noch immer über einen Computer, ein Tablet, Smartphone oder eine Spielkonsole. Damit allein kommst du aber noch nicht rein. Den *Zugang ins Internet* öffnet dir zu Hause meist ein *Router*. Mit ihm ist dein Computer per LAN oder *WLAN* verbunden.

LAN ist die Abkürzung von »Local Area Network«. Damit ist ein Netzwerk an einem bestimmten Standort gemeint. Das kann auch ein fahrender Zug sein. Beim LAN-Surfen ist dein Computer per Kabel mit dem *Router* verbunden. Wie schnell deine Spiele laufen, hängt dabei hauptsächlich von der Verbindung zwischen deinem *Router*, deinem Internetanbieter und dessen Verbindung zum Internet ab. Das W vor *WLAN* steht für »Wireless«. Das heißt »kabellos«. Je weiter du dich beim WLAN-Surfen mit deinem Computer vom *Router* entfernst, desto wackeliger und langsamer wird die Funkverbindung.

Oder du surfst mit einem Smartphone unterwegs. Wenn du darauf eine *Website* aufrufst, wendet es sich per Funk an deinen Mobilfunk-Anbieter und startet von ihm aus ins Internet.

Was bedeutet .com?

Mit ».com« enden die allermeisten *Domains* im Internet. Das ist die Abkürzung von »commercial« und bedeutet »geschäftlich«. Wie auf einem Briefumschlag sind auch die Angaben in jeder Webadresse sortiert. Viele nennen sie auch URL. Das ist die Abkürzung für »Uniform Resource Locator« und bedeutet so viel wie »einheitlicher Herkunftsbestimmer«. Die Webadresse informiert dich von vorne nach hinten über das Protokoll, über den Namen und in der Regel über das Land oder den Hintergrund der Website. Zum Beispiel so:

http://www.kinderinternetseite.de/tiere

1. *http://* steht für »*Hypertext Transfer Protocol*«. Dieses Protokoll legt wie in einem Drehbuch ganz genau fest, wie der *Browser* des *Users* und der *Server*, auf dem die *Website* abgelegt ist, miteinander umgehen. Das funktioniert ungefähr so: »Hey, *Server*, ich möchte »/tiere« von dir!« – »Ok, kriegst du«. Die beiden Schrägstriche haben übrigens gar keine Funktion. Ihr Erfinder Tim Berners-Lee fand sie witzig, hat sich aber später für die kleine Schikane entschuldigt.

2. www.kinderinternetseite ist der Name der *Website*. Bei den meisten *Websites* kannst du das »www.« auch weglassen.

3. .de steht für Deutschland. Dieser Teil der Adresse heißt Top Level Domain (TLD). An ihr erkennst du die Herkunft der *Website*. Sehr oft sind das die Länder. Andere TLDs gelten über Grenzen hinweg. Ehrenamtliche Organisationen benutzen zum Beispiel oft .org, Info-Portale .info und viele Unternehmen .com

4. /tiere ist der Deep Link, so ähnlich wie »Hinterhaus, 1. Etage«. Diese »tiefe Verknüpfung« führt dich direkt auf eine Webpage von Kinderinternetseite.de, gehört aber nicht zur eigentlichen Adresse.

Wie kommen die Spiele in meinen Computer?

Zwischen deiner Idee, im *Webbrowser* zu spielen, und dem Spielbeginn vergeht oft nicht einmal ein ganzer Moment. In wenigen Sekunden sprechen sich dein Computer, viele *Router* und *Server* rund um die ganze Erde ab, zerlegen dein Lieblingsspiel in Einzelteile, jagen es in vielen Datenpaketen auf unterschiedlichen Wegen oft über viele Tausend Kabelkilometer bis zu dir nach Hause und dort baut dein Computer alles wieder zusammen.

Der Ablauf ist perfekt organisiert:

Du tippst die Adresse website.de/Lieblingsspiel in die Adressleiste des *Browsers* ein. Daraufhin fragt dein Computer einen *DNS*-Server: »Bitte gib mir die *IP-Adresse* für website.de«.

Der *DNS*-Server guckt nach, wie die *IP-Adresse* von website.de lautet und teilt sie deinem Computer mit. Der Computer packt dann ein Datenpaket mit der Anfrage »Bitte einmal website.de/Lieblingsspiel liefern«, schreibt diese *IP-Adresse* darauf und übergibt es deinem *Router*.

Das Datenpaket wird von einem *Router* zum nächsten bis zum *Server* transportiert. Wenn es an seinem Ziel, dem *Webserver* von website.de, angekommen ist, öffnet dieser das Paket und entnimmt ihm deine Anfrage. Dann schickt er alle Daten für das Spiel in vielen einzelnen Paketen an deinen Computer zurück.

Hat im Internet jeder eine eigene Adresse?

Im Internet hat nicht jeder Mensch eine eigene Adresse, sondern jedes Gerät, mit dem du ins Internet gehen und dem du dort begegnen kannst. Diese Adressen heißen »IP-Adressen«. IP ist die Abkürzung für »*Internetprotokoll*«.

Eine *IP-Adresse* besteht aber nicht aus Straße, Hausnummer und Postleitzahl, sondern ist eine Zahlenreihe, zum Beispiel 80.237.133.117.

Ist ein *Hotspot* wirklich heiß?

Bei Hochbetrieb vielleicht. Aber eigentlich ist ein *Hotspot* nur der Name für einen öffentlichen *Router*, über den viele Menschen gemeinsam das Internet benutzen können. Denn wörtlich übersetzt heißt das englische Wort *Hotspot* zwar »heißer Punkt«, gemeint ist damit aber ein Ort, an dem besonders viel los ist. Öffentliche *Router* findest du immer häufiger in Cafés, Bibliotheken, Bahnhöfen, Zügen, Hotels oder an anderen Orten. Sie sind sehr praktisch, haben aber auch Nachteile: Wie bei allen offenen *Routern* haben Datendiebe und Virenverteiler dort manchmal leichteren Zugang.

Sprechen Computer auch verschiedene Sprachen?

Ja, es gibt verschiedene Maschinen-, Programmier- und Dateispra-
chen. Sie bestehen fast nur aus Befehlen, die die reinsten Zungenbre-
cher sind. Aber wer sich auskennt, kann aus dem Zahlen-, Zeichen- und
Buchstabenchaos zum Beispiel Betriebssysteme für Geräte, spannende
Spiele und andere Dinge »zaubern«.
Eine sehr bekannte Computersprache ist »*Hypertext Markup Language*«, kurz *HTML*. Mit ihrer Hilfe kann man Bilder, Texte und Menüs
auf einer *Website* anordnen, Worte und Bilder verlinken und vieles
mehr. Das ist *HTML*:
<span style="font-size:14px;"><u><em><strong><span style="col-
or:#ff0000;">Hallo</span></strong></em></u></span>
Es bedeutet, dass das Wort »Hallo« auf einer *Website* in roter, fetter
und schräger Schrift in einer Größe von 14 Punkt dargestellt und auch
noch unterstrichen werden soll.

Warum sehen viele *Websites* auf dem Smartphone anders aus als auf dem Notebook?

Die Displays von Smartphones und Tablets sind viel kleiner als die
Bildschirme der meisten Notebooks. Sie werden auch nicht mit Maus
und Tastatur, sondern mit dem Finger bedient. Bleibt das Aussehen
einer *Website* unverändert, werden die Texte und Bilder immer kleiner
und kleiner, bis du kaum noch etwas erkennen kannst und beim Na-
vigieren ständig danebentippst. Damit du auch auf dem Smartphone
bequem surfen kannst, bekommen Texte, Bilder und Menüs dort neue
Plätze. Diese Anpassungen nennt man »Optimierung für mobile *End-
geräte*« oder »*Responsive Design*«.

Hat im Internet eigentlich jeder einen eigenen Schrank?

Im Internet gibt es gigantische »Schrankwände«. Sie heißen *Clouds*, auf Deutsch »Wolken«. Dahinter stecken riesige *Server* mit nahezu unbegrenzten Speichermöglichkeiten. Dort kannst du alles lagern, was viel Platz einnimmt und was du mit Freunden teilen möchtest. Das ist sehr praktisch. Der einzige Haken ist der Datenschutz. Auch wenn du deinen Cloud-Platz mit einem Passwort sicherst, kann es passieren, dass eingebrochen wird.

Geheimnisse und persönliche Dinge solltest du daher auf einer *Festplatte* zu Hause sichern.

Das »Modell Festplatte« oder »*SSD*« steckt in jedem Computer. In puncto Sicherheit gilt: Doppelt hält besser. Darum leisten sich viele *User* noch eine zweite oder dritte ausgelagerte »externe« *Festplatte*, die sie per Kabel oder *WLAN* mit ihrem Computer verbinden. Darauf kopieren sie wichtige Teile oder sogar regelmäßig den kompletten Inhalt ihres Computers. So geht nichts verloren, wenn eine Virenattacke oder etwas anderes die Originaldateien zerstört. Eine solche Sicherung nennt man auch »Backup«.

Unterwegs ist der »*Speicher-Stick*« oder »*USB-Stick*« super praktisch. Er bietet weniger Platz als eine *Festplatte*, passt aber in jede Hosentasche und ist daher sehr gut für den Transport von Spielen, Videos oder Präsentationen geeignet.

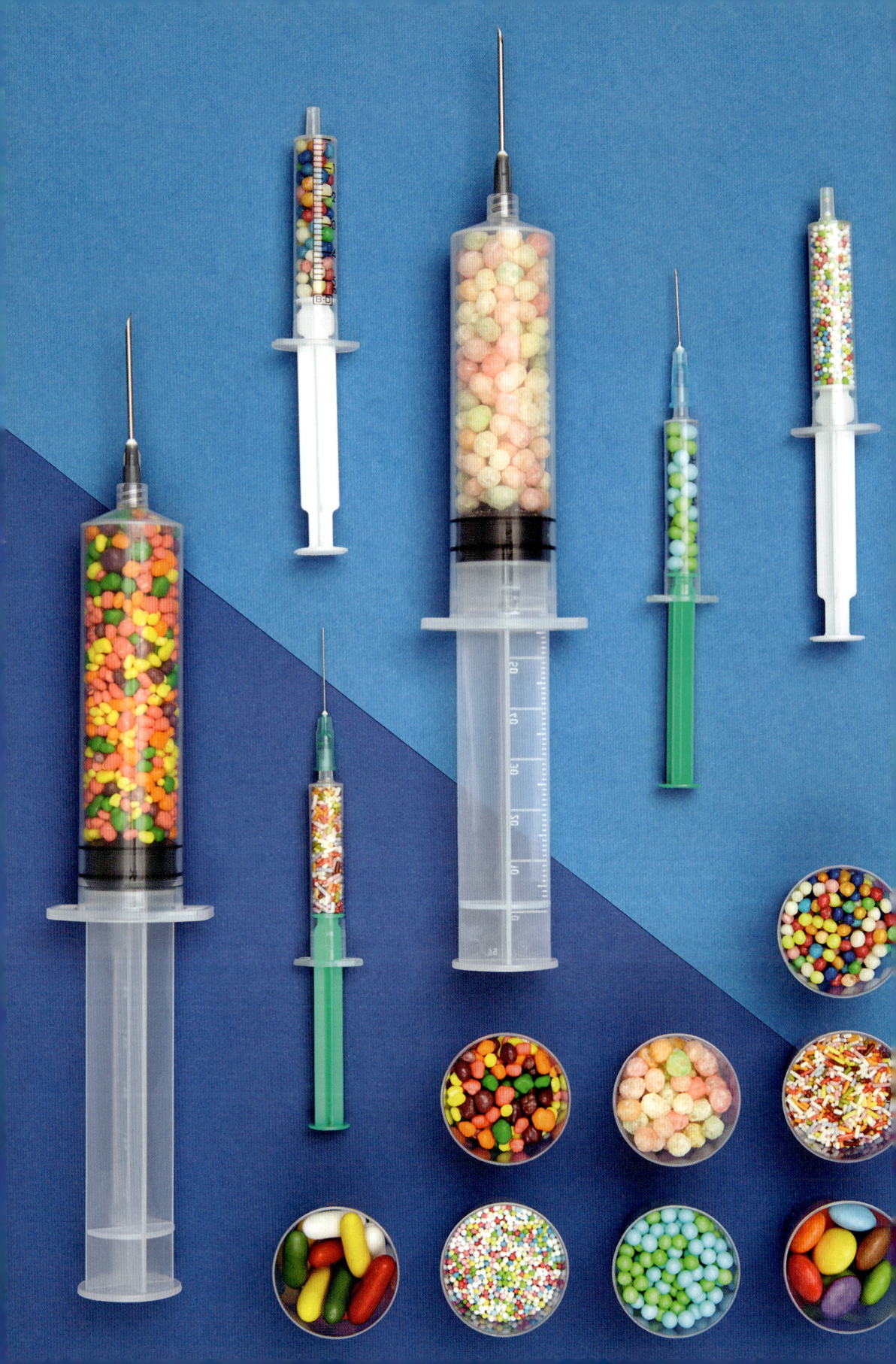

Kann man Computer gegen *Viren* impfen?

Wenn ein *Virus* einen Computer befällt, dann beschert er ihm zwar keine Grippe, dafür aber wirst du vor Wut fast krank. Der Schädling und seine fiesen Freunde können dir beim Surfen nämlich gründlich den Spaß verderben. Zum Beispiel machen sie den Computer langsam, oder sie sorgen dafür, dass du nicht mehr an deine Dateien kommst. Eine Impfung gegen die Eindringlinge gibt es nicht. Aber ein Virenschutzprogramm löscht viele Schädlinge gleich nach ihrem Überfall wieder von deinem Rechner oder schickt verdächtige Programme in Quarantäne. Dann musst du selbst entscheiden, ob du sie öffnest oder nicht.

Was machen die *Viren* und *Würmer* auf meinem Rechner?

Oft schleichen sich *Viren* mit einer Spam-Mail ein. Dort stecken sie im Anhang. Sobald du ihn öffnest, zerstören, verändern oder löschen die Eindringlinge Dateien, geben ihnen neue Namen oder legen ganze Programme lahm.
Noch pfiffiger sind *Würmer*. Sie suchen sich selbst ihren Weg durch dein Netzwerk, blockieren viel Speicherplatz oder verschicken sinnlose Nachrichten an alle Freunde aus deinem Adressbuch.
Trojaner sind hinterhältig. Sie tarnen sich als nützliche Programme, die du in gutem Glauben installierst. Zum Dank spionieren sie dich und deine Passwörter aus und richten damit großen Schaden an. Gegen *Viren*, *Trojaner* und andere Computerschädlinge hilft ein Virenschutzprogramm. Wichtig ist, dass es regelmäßig aktualisiert wird.

Sind Hacker gefährlich?

Die meisten Hacker sind begeisterte Technik-Freaks. Sie kennen sich unglaublich gut aus, tüfteln und spielen an schwierigen technischen Problemen herum und entwickeln dafür völlig neue Wege und Lösungen. Auch für das Internet spielen Hacker daher eine große Rolle. Sie knacken Passwörter, überwinden nahezu jede andere Hürde und dringen so in die Computersysteme von Banken, Geheimdiensten und anderen besonders gut bewachten Einrichtungen ein. Viele dieser »Cracker« weisen damit auf Lücken in Sicherheitssystemen hin und zeigen, wo etwas verbessert werden kann. Das hilft vielen Menschen und ist nicht gefährlich oder verboten.

Manche Hacker nutzen ihr Können aber nur zum eigenen Vorteil. Sie rauben Daten und Geld, bedrohen Kraftwerke oder legen Flughäfen lahm und erpressen damit andere. Sie machen sich strafbar und sind gefährlich.

Kann das Internet auch kaputtgehen?

Niemand kann das Internet komplett lahmlegen. Nur wenn sämtliche Kabel- und Funkverbindungen oder alle Computer auf der ganzen Welt gleichzeitig ausfallen, würde es das Internet nicht mehr geben. Wenn »nur« in einem ganzen Land der Strom ausfällt, surft der Rest der Welt weiter. In diesem Fall müssten viele Daten nur einen Umweg nehmen und bräuchten vielleicht länger bis zum Ziel. Sogar durch den Ozean führen inzwischen so viele Leitungen, dass Haie mit Appetit auf Kabelsalat an ihnen knabbern können, ohne dass die *User* in Amerika oder Europa eine Störung bemerken.

Kann man Sachen aus dem Internet wieder löschen?

Ist das peinlich: Neulich habt ihr auf einer Party eure Lehrer nachgemacht – und alle Bilder ins Internet gestellt. Niemand hat daran gedacht, dass der *Link* im Lehrerzimmer landen könnte. Reicht ein Tastendruck und alle Fotos sind gelöscht?

Grundsätzlich gilt: Das Internet hat ein unfassbar gutes Gedächtnis. Es vergisst absolut nichts. Sobald ein Bild oder ein Satz ins Netz gestellt ist, wird er auch schon irgendwo kopiert, geteilt und archiviert. Selbst wenn du deine eigene *Website* oder dein *Profil* in einer *Community* »löschst« oder Bilder und Texte anderswo auf Antrag entfernen lässt, schwirren Bilder und Texte für alle Zeiten irgendwo durchs Netz. Darüber hast du keine Kontrolle mehr. Wenn du unangenehme Situationen vermeiden möchtest, überlege dir daher jedes Mal gut, was du im Internet von dir preisgibst und teilst.

Wie deine Lieblings-Website früher einmal aussah, kannst du dir in sogenannten *Wayback-Archiven* ansehen. Zum Beispiel hier: https://web.archive.org/web/*/seitenstark.de

Alles online? – Was das Internet mit uns macht

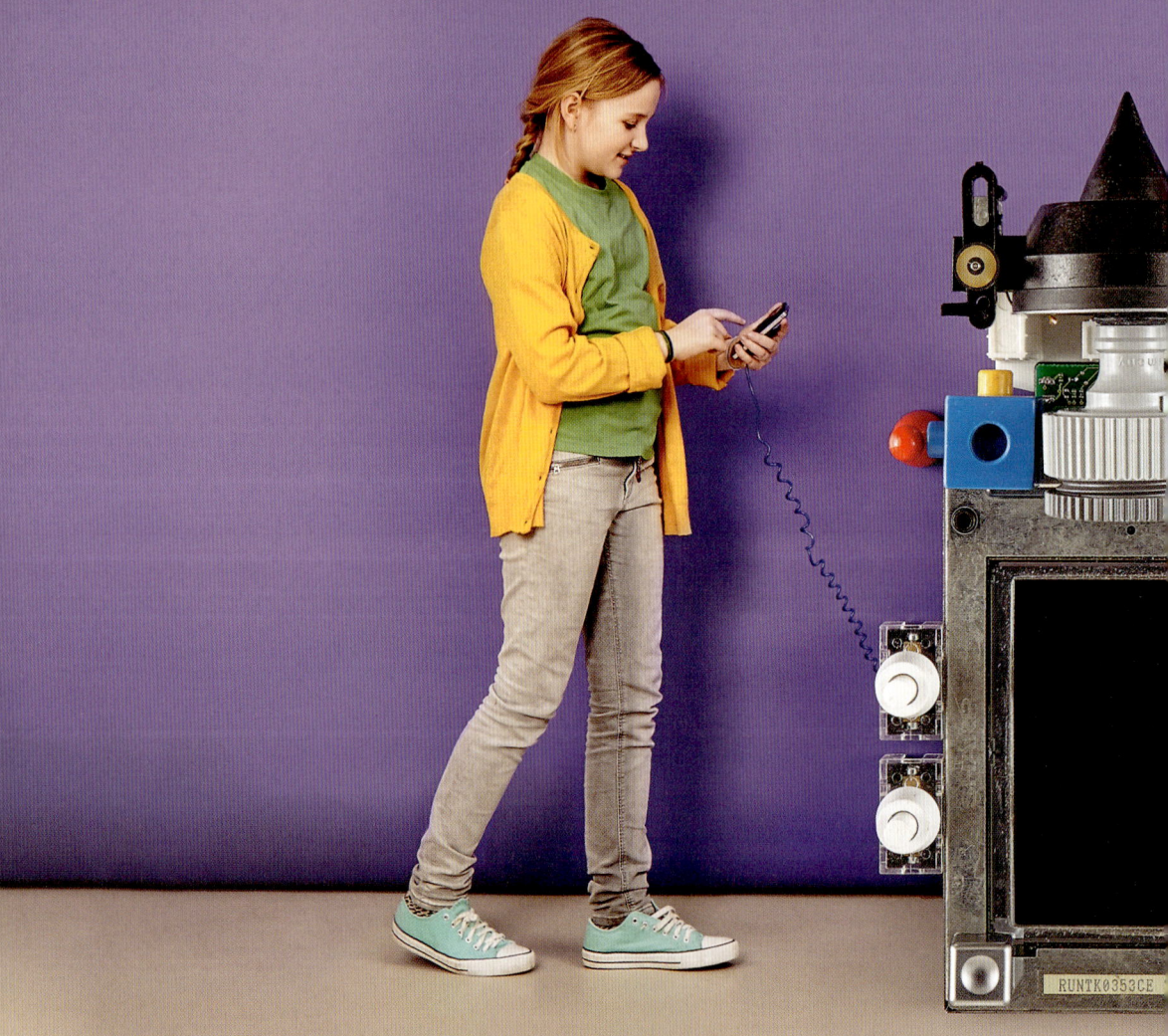

Wie hat die Welt ohne Internet funktioniert?

Vor 30 Jahren recherchierten Schüler nur in Büchern für ihr Referat. Wenn sie Informationen austauschen wollten, trafen sie sich persönlich oder schrieben Briefe, denn *Chats*, Dateien und *E-Mails* gab es noch nicht. Wer etwas einkaufen wollte, ging in ein Geschäft, Fahr- und Eintrittskarten gab es am Schalter und das Kinoprogramm erfuhr man oft nur aus der Zeitung. Schnappschüsse entstanden selten, denn Bilder waren teuer und die schweren Fotoapparate schleppte im Alltag kaum jemand mit sich herum. Handys gab es auch noch nicht und Telefongespräche kosteten schon von Stadt zu Stadt ein halbes Vermögen. Doch weil erst wenige das Internet kannten, hat es damals auch niemand vermisst. Heute wünschen sich manche Menschen diese Zeit sogar zurück. Denn damals musste man noch nicht pausenlos *E-Mails*, WhatsApps, SMS und sämtliche Nachrichten in den *sozialen Netzwerken* checken – und möglichst auch gleich beantworten, wenn man nicht irgendwo den Anschluss verpassen wollte. Damals klingelte nur manchmal das Telefon. Und dazwischen konnten die Menschen oft auch mal in Ruhe etwas anderes tun.

Kann im Netz jeder machen, was er will?

Jein. Freiheit ist etwas sehr, sehr Wertvolles. Aber würde jeder überall tun und lassen, was ihm in den Sinn kommt, dann gäbe es in der Schule, auf dem Sportplatz und im Straßenverkehr ein heilloses Durcheinander und viele Verletzte. Darum endet unsere Freiheit immer dort, wo wir gegen Regeln oder Gesetze verstoßen, die uns selbst und die Freiheit aller schützen sollen.

So ist es auch im Internet. Auch diesen Teil unseres Lebens dürfen wir alle gemeinsam mit viel Spaß und Fantasie gestalten und genießen. Damit das gelingt, müssen wir aber auch im Internet Regeln beachten und vor allem fair miteinander umgehen.

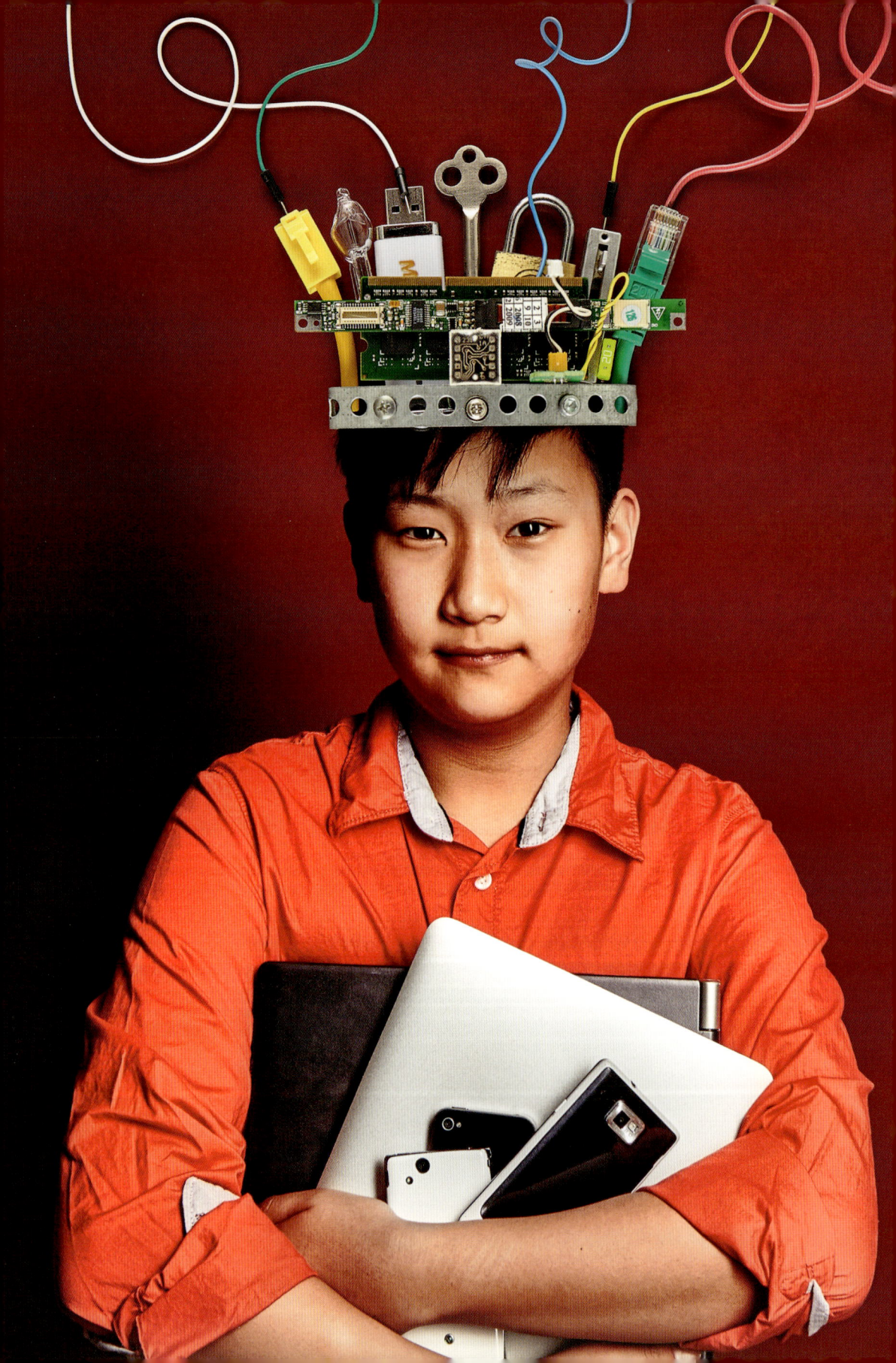

Hat das Internet einen Bestimmer?

Im Internet gibt es keinen König und keine Bundeskanzlerin. Es entscheidet auch kein Parlament über Bauvorschriften für *Websites*, für Texte und Bilder oder sogar darüber, wie es mit dem Internet eigentlich weitergehen soll.

Damit kein Chaos ausbricht, organisieren jedoch einige Einrichtungen die wichtigsten Dinge. Zum Beispiel sorgt das Deutsche Network Information Center unter denic.de dafür, dass keine deutsche Internetadresse doppelt vergeben wird. Das *World Wide Web-Consortium*, kurz *W3C*, hat den Überblick über den Stand der Technik und gibt Tipps, wo was und wie eingesetzt werden sollte, damit alles möglichst gut funktioniert.

Wer im Internet zu den Bestimmern gehört, das entscheiden schließlich aber die Klicks – und damit du selbst, zusammen mit der riesengroßen Gemeinschaft aller Nutzer. Denn je mehr Klicks eine *Website* erhält, desto mehr Geld kann ihr Anbieter mit Anzeigen darauf verdienen. Und dieses Geld gibt ihm die Macht, sich immer weiter auszubreiten und darüber zu bestimmen, was wir im Internet finden, wie wir uns dort verhalten und was wir kaufen sollen.

Kann man das Internet verbieten?

Die Regierungen und Herrscher mancher Länder wollen verhindern, dass Menschen etwas anderes hören und sehen als das, was die eigene Regierung ihnen sagt. Damit das funktioniert, versuchen sie die Menschen von anderen Informationsquellen wie dem Internet abzuschneiden. Regierungen fürchten sich manchmal auch vor *sozialen Netzwerken* und *Communitys*, weil sich Menschen darüber leicht zu Widerstands-Aktionen gegen ihre Regierungen verabreden könnten. In diesen Ländern werden einzelne Dienste im Internet gesperrt oder so sehr kontrolliert, dass nur noch bestimmte Meinungen zu finden sind. Das nennt man Internet-Zensur.

Auch Länder wie Deutschland verbieten einzelne Angebote, allerdings nur, wenn sie gegen Gesetze verstoßen. Zum Beispiel werden *Websites* gesperrt, die dazu aufrufen, Menschen einer bestimmten Herkunft oder Religion auszugrenzen und zu verfolgen.

Technisch lässt sich theoretisch sogar ein ganzes Land vom Internet abkoppeln. Ganz ohne Internet kann aber heute kein Land mehr überleben. Dann liegt nämlich schnell die Wirtschaft lahm, weil viele Unternehmen ihre Partner im Ausland nicht mehr erreichen. Und dann droht dem Land die Pleite.

Findet man im Netz schneller und bessere Freunde als in echt?

Wer die meisten Freunde hat, ist in den *sozialen Netzwerken* ein Held. Viele dieser sogenannten »Freundschaften« verbinden allerdings nicht viel mehr als die Sammelleidenschaft und oberflächliche Gespräche. Mit ganz viel Glück kannst du aber auch im Internet beim Spielen oder über ein gemeinsames Interesse einen Freund finden. Oft beginnt es in einem *Chat*, einem *Forum* oder einer anderen *Community*. Zuerst gebt ihr euch Tipps, erzählt euch gegenseitig etwas über eure Hobbys, dann über euch selbst und irgendwann vertraut ihr euch vielleicht sogar ein Geheimnis an.

Ist das Internet genauso schlau wie wir?

Das Internet ist ein »Allesmerker«. Es kann einfach gigantisch viel behalten. Und es kann auch super gut rechnen und Informationen auswerten. Aber das geht nur mit deiner Hilfe. Zum Schlausein gehört nämlich vor allem das Denken. Und dazu braucht man ein Gehirn. Darin sammelst du Informationen über alle deine Erfahrungen, lernst daraus, entwickelst Ideen und Pläne, diskutierst und bildest dir ein Urteil. Deine Gedanken, deine Gefühle, dein Wissen – das alles zusammen macht dich erst schlau. In Sachen Wissen hilft dir das Internet mit seinem gigantischen Schatz an Informationen. Mehr aber nicht.

Weiß das Internet eigentlich, wer ich bin?

Wer genau du bist und was dich einzigartig macht, das weiß das Internet nicht. Aber wonach du im Netz suchst, mit wem du dich triffst und auf welchen *Websites* du viel Zeit verbringst, das lässt sich nachverfolgen. Wenn du nicht aufpasst, hinterlässt du nämlich überall unabsichtlich Spuren: bei deinem Internet-Anbieter, auf *Websites*, in Online-Shops, bei Suchmaschinen und bei allen anderen Angeboten und Diensten, die du nutzt. So kann es sein, dass du nach einer Recherchetour zum Thema Pferde plötzlich mit Anzeigen über Reithosen überschüttet wirst oder nach einem Blick auf die Bundesligatabelle überall Trikots und Fußballschuhe siehst. Ob du eine Reiterin bist oder ein Fußballfan, weiß man damit noch nicht. Doch je mehr Informationen du beim Surfen hinterlässt, desto besser lernen dich die Anbieter kennen.

Bin ich im Netz ein anderer Mensch?

Mia hat im Netz viele Namen. Auf einer Spiele-Seite ist sie als »Maus« eingeloggt. Weil flinke Mäuse als Erste ins Ziel gehen. In der Foto-Community heißt sie »Tiger«. Die gehören nämlich zu den stärksten Tieren. Und als »Bärchen« hat sie in ihrem Lieblings-Chat jede Menge Freunde. Logo, denn Bärchen mag jeder. Nur auf der Schulseite surft Mia mit ihrem richtigen Namen.

Im Internet geht es zu wie beim Karneval: Mit einem *Nicknamen* oder Fantasienamen kannst du dich wie hinter einer Maske verstecken und in neue Rollen schlüpfen. Das ist sehr praktisch, lehrreich fürs richtige Leben – aber zugleich auch gefährlich. Anonym fällt es leicht, in einem *Forum* unerkannt peinliche Fragen zu stellen. Oder im *Chat* einmal den selbstbewussten Helden zu spielen. Als Junge kannst du auch einmal ausprobieren, wie du als Mädchen behandelt wirst. Nachher verstehst du deine Mitschülerinnen vielleicht besser. Umgekehrt kann hinter Lena (11) aber auch Thomas (41) stecken, der dich ausspionieren und zu Dingen überreden möchte, die du auf keinen Fall von dir preisgeben solltest. Daher gilt: Das Maskenspiel ist ab und zu erlaubt, solange jeder jeden mit Respekt behandelt und nichts Persönliches von sich erzählt. Und am allerwichtigsten ist: Vergiss nie, wer du wirklich bist.

Macht Internet süchtig?

Manchmal schon. Jeder zehnte Jugendliche in Europa ist gefährdet und jeder hundertste geradezu ans Netz gefesselt. Das hat die Europäische Union in einer Studie aufgedeckt. Wenn du wissen möchtest, ob du auch dazugehörst, beantworte die folgenden vier Fragen. Aber ganz ehrlich:

1. Schaltest du den Computer oder das Smartphone fast nie von alleine ab?
2. Surfst du von Woche zu Woche länger?
3. Wirst du unruhig oder sogar wütend, wenn du nicht an den Computer darfst oder kannst?
4. Hast du früher mehr Zeit mit der Schule, mit Freunden oder beim Sport verbracht?

Wenn du zwei der Sätze mit Ja beantwortest, dann sprich mit deinen Eltern darüber, damit ihr gemeinsam eine Lösung findet.

Kann man auch nur im Internet leben?

Nein. Ab und zu müssen wir auch essen und trinken, schlafen, uns bewegen oder an die frische Luft gehen. Das ist im Internet nicht möglich. Schalten wir den Computer nicht auch mal ab, wird unser Körper ganz schön schlapp. Online können wir auch keine Partys feiern, Theater oder Hockey spielen, gemeinsam musizieren, malen, basteln oder fremde Länder hautnah erleben. Ebenso wenig können wir per Mausklick und Tastatur die Natur genießen oder einen Freund in die Arme nehmen. Doch genau diese Dinge geben dem Leben seinen Sinn.

Wenn jemand stirbt, was passiert dann mit seinen Sachen im Internet?

Wenn ein Mensch stirbt, bleiben seine *Profile* oft noch jahrelang im Netz. Manche *User* beugen dem vor. Sie legen in ihrem Testament fest, welche Angehörigen oder Freunde nach ihrem Tod ihre *E-Mails* lesen, ihre *Profile* in *sozialen Netzwerken* löschen oder ihre *Websites* weiterführen sollen. Bei allen größeren Netzwerken kann man auch ohne Testament bestimmen, was nach dem Tod mit den Daten geschehen soll. Viele *soziale Netzwerke* erlauben allerdings nicht, dass ein Benutzerkonto noch lange über den Tod hinaus weitergeführt wird.

Häufig wissen die Erben aber auch gar nicht, wo der Verstorbene im Internet aktiv war. Dann können sie spezielle Unternehmen damit beauftragen, das herauszufinden. Aber auch sie finden Benutzerkonten so gut wie nie, wenn sich der Verstorbene mit einem Fantasienamen angemeldet hat.

Macht uns das Internet glücklicher?

Seit einem Sturz kann Leos Oma kaum noch gehen und ihre Wohnung alleine nicht mehr verlassen. Die spontanen Besuche im Buchladen, der Plausch am Gartenzaun und die Besuche bei ihren Freundinnen fehlen ihr sehr. Aber zum Glück gibt es das Internet. Damit kann sie online in Bücherregalen stöbern, mit ihren Freundinnen mailen und chatten und ihren Enkeln auch mal per Skype eine Geschichte erzählen. Das ersetzt natürlich kein »echtes« Treffen. Aber so bleibt sie immerhin mit allen im Gespräch und auf dem Laufenden.

Für Leos Oma und für uns alle gilt auch in Sachen Internet ein altes Sprichwort. Es heißt »Jeder ist selbst seines Glückes Schmied«. Es kommt also immer auch darauf an, wann, wie oft und wozu wir das Internet benutzen und welchen Stellenwert wir dem Surfen in unserem Leben geben.

Kämen wir heute noch ohne Internet klar?

Manche Menschen, vor allem ältere, leben noch ohne Internet. Das Chatten, *Streamen* oder Einkaufen im Online-Shop vermissen sie kaum. Aber Fahrkarten, Reservierungen oder Eintrittskarten gibt es zum Beispiel oft nur noch online oder am Schalter gegen einen saftigen Aufpreis. Das gilt auch für Bankgeschäfte und Kleinanzeigen.

Schule, Studium und viele Berufe sind ohne Internet kaum noch denkbar. Dort wären wir ohne *E-Mails* und *Communitys* vollkommen isoliert und hätten keinen Zugang zu allen notwendigen Informationen und Materialien.

Auch in der Freizeit und zu Hause hat uns das Internet schon etwas verwöhnt. Termine, Autos, Heizungen, Kühlschränke und Waschmaschinen lassen sich längst darüber steuern. Vielleicht genügt auch auf deinem Nachhauseweg schon ein Befehl mit dem Smartphone – und in der Küche erwartet dich eine Maschine mit einem heißen Kakao. Bald sprechen sich dank dem »*Internet der Dinge*« immer mehr Geräte auch ohne uns ab. Dann wird unser Leben immer bequemer. Es sei denn, der Strom fällt aus.

Zum Weiterlesen im Internet

Das Internet besser kennenlernen und ausprobieren

internet-abc.de
zeigt dir, wie das Internet funktioniert. Vier Tiere geben dir Tipps und Tricks im Hausaufgabenhelfer, Recherche-Ratgeber und in Lernmodulen. Nachfragen sind ausdrücklich erwünscht. Für einen bestandenen Test erhältst du einen Surfschein.

primolo.de
stellt dir einen Website-Generator zur Verfügung. Damit kannst du zusammen mit deinen Klassenkameraden eine eigene Website erstellen und gestalten und nebenbei vieles über Communitys lernen.

kidsville.de
ist eine Internet-Stadt. Du kannst sie in zehn Themen-Häusern nach deinen eigenen Ideen mitgestalten, Geschichten schreiben oder dir dein eigenes Profil anlegen.

handysektor.de
richtet sich mit seinen Infos über Apps, Technik, Recht und Sicherheit vor allem an Jugendliche. Abzocke, Mobbing und Gewalt sind ebenfalls Thema.

Suchen und finden

blinde-kuh.de

helles-koepfchen.de

fragFINN.de

seitenstark.de
führt dich von einer Startrampe zu mehr als 60 sicheren und geprüften Kinder-Websites. Dort findest du viele Infos und Tipps zum Thema Internet, Mitmachaktionen und Spiele.

klick-tipps.net
empfiehlt dir jede Woche Links zu drei Themen. Außerdem findest du eine Hitliste mit 100 tollen Kinderseiten, den Klick des Monats, das Klick-Quiz und den Passwort-Schlüssel-Automaten.

meine-startseite.de
gestaltest du dir selbst mit Links zu Webites, die dir wichtig sind. Weitere Tipps führen dich zu anderen sicheren Kinderseiten, Online-Spielen, Chats und Suchmaschinen und stellen dir aktuelle Filme vor.

Chatten, mailen und streamen

seitenstark.de/chat/
ist ein Treffpunkt, auf dem du mit Gleichaltrigen über alles quatschen kannst, was dich bewegt. Studentinnen und Studenten der Universität Leipzig unterstützen dich als Moderatoren, wenn du Schwierigkeiten bei der Eingabe deiner Texte hast.

grundschulpost.de
bietet dir dein eigenes E-Mail-Konto an, ohne Spams und Werbung.

mail4kidz.de
lässt dich E-Mails schreiben und empfangen. Außerdem findest du Nachrichten, Spiele und Grußkarten zum Verschicken.

juki.de
ist eine Plattform, auf der du viel über das Filmemachen lernen, vor allem aber Videos von anderen Kindern oder von Kinderseiten-Machern kostenlos streamen kannst. Auch deine eigenen Beiträge sind dort willkommen.

Sich gegen Cybermobbing wehren

mobbing-schluss-damit.de
informiert dich über Mobbing und Cybermobbing und gibt dir Verhaltenstipps und Adressen von Einrichtungen, die dir im Notfall helfen.

chatten-ohne-risiko.net/teens/
erklärt dir Begriffe rund um das Thema Cybermobbing. Das Team der »Nummer gegen Kummer« berät dich im Notfall von hier aus per E-Mail.

Juuuport.de
bietet Platz für einen Erfahrungsaustausch zum Thema Cybermobbing. Im Notfall beraten dich von hier aus ältere Jugendliche, die extra dafür ausgebildet wurden.

Für Eltern und andere Erwachsene

Viele Kinderseiten halten auch Informationen für Erwachsene bereit.

jugendschutz.net
unterstützt die Anbieter von Internetangeboten, das Netz sicherer zu gestalten. Das Team kontrolliert im Auftrag staatlicher Stellen systematisch die Einhaltung des Jugendschutzes auf allen von Kindern und Jugendlichen viel genutzten Angeboten.

klicksafe.de
ist eine EU-Initiative und vermittelt Usern in Projekten und Messen die kompetente und kritische Nutzung von Internet und Neuen Medien. Dazu gehört auch der jährliche Safer Internet Day.

Lexikon der verwendeten Begriffe

(im Text *kursiv* gesetzt)

Account – Benutzerkonto mit *Login*. Der nicht öffentliche Bereich eines Internetangebotes speichert persönliche Daten und bietet oft auch den Zugang zu einem Dienst.

AdBlocker oder Werbeblocker – Programm, mit dem sich Werbung ausblenden lässt.

Administrator, kurz Admin – Verwalter einer *Website*, eines *Servers* oder eines Dienstes.

App, kurz für **Application** – eine Anwendung, die zum Beispiel auf dem Smartphone zusätzliche Funktionen wie Terminkalender, Spiele oder die Abfrage des Wetterberichts ermöglicht.

Browser – Programm, das die Webpages, Dokumente und andere Daten aus dem *WWW* darstellt und über *Links* das Surfen im Internet möglich macht.

Chat – Unterhaltung im Internet.

Cloud – Sammelbezeichnung für *Server*, auf denen man z. B. von seinem Smartphone oder Notebook aus Texte und Bilder speichern kann.

Community – im Internet eine Gruppe, in der sich Menschen in einer bestimmten Umgebung oder zu einem bestimmten Thema online über längere Zeit austauschen.

Content – Texte, Bilder, Videos und andere Inhalte einer *Website*.

Cookies – kleine Textdateien, die beim Besuch einer *Website* im Hintergrund gesichert werden. Sie geben dem Anbieter der *Website* Informationen über den *User* oder speichern Einstellungen.

Cybermobbing – Mobbing im Internet.

Digitale Technik – Technik, die Texte und Bilder in Zahlen umwandelt und so überträgt.

Domain – im Internet die Webadresse.

Domain Name System, kurz DNS – funktioniert ähnlich wie eine Telefonauskunft. Wandelt den Namen der *Website* in die zugehörige *IP-Adresse* um.

E-Mail – Elektronische Post, die über das Internet verschickt wird.

Endgerät – das Gerät, mit dem der *User* ins Internet startet, z. B. ein Smartphone, Notebook, Tablet oder PC.

Festplatte – Speicher, der im Computer fest eingebaut oder per Kabel oder *WLAN* mit ihm verbunden ist.

Firewall – Schutzprogramm vor unerwünschtem Besuch auf dem Computer.

Forum –Treffpunkt im Internet für den Austausch von Informationen und Erfahrungen.

Hardware – Bestandteile, die sich anfassen lassen, im Internet zum Beispiel Computer oder Kabel.

Hotspot – öffentlicher *Internetzugang* ohne Kabel.

Hyperlink, kurz Link – Verknüpfung einer markierten Stelle in einer Datei mit einer anderen Stelle in derselben Datei (zum Beispiel auf einer *Website*) oder mit einer neuen Datei (zum Beispiel einer anderen *Website* oder einer E-Mail-Adresse). Die Verbindung funktioniert per Mausklick.

Hypertext – Voraussetzung für die Verknüpfung von Texten, Bildern und anderen Flächen durch *Links*.

Hypertext Markup Language, kurz HTML – Computersprache, mit deren Hilfe Texte, Bilder und andere Teile einer *Website* angeordnet werden können.

Hypertext Transfer Protocol, kurz http – Protokoll, das Internetseiten im Web*browser* lädt.

Internet der Dinge – immer mehr Geräte sind mit Minicomputern ausgestattet, miteinander vernetzt und können so Informationen austauschen.

Internetplattform – eine *Website*, auf der sich *User* austauschen können.

Internetprotokoll – hat die Aufgabe, Datenpakete vom Absender zum Empfänger zu lotsen. Meist spricht man von TCP/IP, da die beiden im Verbund arbeiten. TCP regelt das »Ein- und Auspacken« der Datenpakete.

Internetprovider – stellt zum Beispiel einen Zugang ins Internet zur Verfügung.

Internetzugang, kurz Zugang – die Verbindung eines Computers oder eines Netzwerkes mit dem Internet.

IP-Adresse – eine lange Reihe aus Zahlen, Punkten und manchmal auch schon Buchstaben. Eine eindeutige Kombination dieser Zeichen benutzt jedes Gerät als Absender und Adresse im Netzwerk.

Liken – in einem *sozialen Netzwerk* etwas per Klick gut bewerten.

Link – kurz für *Hyperlink*.

Lizenz – im Internet eine Erlaubnis, ein Bild, einen Text, Programme oder andere Dinge zu benutzen, die nach dem *Urheberrecht* gesetzlich geschützt sind. Manche Lizenzen kosten Geld, andere sind kostenfrei.

Login – sich per Kenn- und Passwort Zugang verschaffen in den nicht öffentlichen Bereich einer *Website* oder eines anderen Dienstes.

Moderation und Vorab-Moderation in einer *Community* – Kontrolle und Korrektur von Beiträgen nach und vor seiner Freigabe.

Netiquette – Verhaltensregeln im Netz. Im Chat »Chatiquette«.

Nickname – Fantasiename, der dazu dient, die eigenen Daten zu schützen.

Posten – eine öffentliche Nachricht, Bilder, Videos oder Musik senden, zum Beispiel in einem *Chat*, *Forum* oder in einer Gruppen-Mail.

Profil im Internet – ein Steckbrief, mit dem sich ein *User* in einem *sozialen Netzwerk* selbst darstellt. Über Benutzer-Profile sammeln viele Anbieter von *Websites* und verschiedenen Diensten Daten ihrer *User*.

Raubkopie – Die unerlaubte Kopie eines Textes, eines Bildes, einer Software oder eines anderen Werkes, das nach dem *Urheberrecht* geschützt ist und ohne Genehmigung nicht benutzt werden darf.

Recht am eigenen Bild – das Recht, anderen die Veröffentlichung eines Fotos zu verbieten, auf dem man selbst zu sehen ist.

Responsive Design – passt die Aufteilung von Texten, Bildern und Menü einer *Website* und ihre Funktionen automatisch an die Größe des Bildschirmes oder Displays an.

Router – bietet den *Zugang* von der Wohnung ins Internet und leitet im Netz Datenpakete weiter.

Server – Computer, der zum Beispiel *Websites* und andere Dienste verwaltet.

Software – Computerprogramme aller Art.

Soziales Netzwerk – *Community* wie Facebook, Twitter oder YouTube.

Spam – massenhaft verschickte Mails. Viele zeigen Werbung oder haben unter falschem Absender *Viren* im Schlepptau.

Speicher-Stick oder USB-Stick – transportabler Mini-Speicher, passt in jede Hosentasche.

SSD, Abkürzung für Solid State Drive – elektronisches Speichermedium, robuster und viel schneller als eine *Festplatte*, findet in neueren Geräten Verwendung.

Streamen – dabei wird ein Film gleichzeitig auf einen Computer geladen und abgespielt.

Trojaner – ein Computerschädling, der mit einem Software-Programm unbemerkt auf den Computer gelangt.

Trusted Shop – Gütesiegel für einen Online-Shop, der besonders sorgfältig mit den Daten und dem Geld seiner Kunden umgeht.

Urheber und Urheberrecht – ein Fotograf, ein Autor oder der Schöpfer eines anderen Werkes darf als sein Urheber allein darüber bestimmen, wer sein Bild oder seinen Text wann und wo weiterverbreiten darf.

User – Benutzer, Nutzer

Viren – Computerschädlinge

Wayback-Archiv – Lager für alte *Websites* und andere ausgediente Dinge im Internet.

Webbrowser – siehe *Browser*

Webcam – Kamera, die ihre Aufnahmen direkt ins Internet lädt.

Webprovider – bietet Speicherplatz auf einem *Server* an.

Webserver – ein Computer, der *Websites* verwaltet.

Website, kurz Site – Internetauftritt. Die Startseite heißt Homepage, jede Unterseite Webpage oder Website. Websites für Kinder nennt man einfach Kinderseiten.

Webspace – Speicherplatz, von dem aus der *Server* die *Websites* an die *User* ausliefert.

Wiki – Lexikon im Internet, das jeder *User* ergänzen kann.

Wireless Local Area Network, kurz WLAN – ein örtliches Funknetz, das einen *Zugang ins Internet* bietet. Wer per LAN surft, benutzt dafür ein Kabel.

World Wide Web, kurz WWW – der Dienst im Internet, der alle *Websites* in einem *Browser*-Fenster zeigt und mit seinen Verlinkungen das Surfen über alle *Websites* möglich macht.

World Wide Web Consortium, kurz W3C – ein Team mit Mitgliedern aus vielen Ländern, das nach den besten einheitlichen Regeln und Techniken für das Internet sucht, damit weltweit alles gut funktioniert.

Würmer – schädliche Computer-Programme, die sich immer wieder selbst kopieren, Adresslisten von E-Mail-Programmen durchforsten und sich darüber sehr schnell und weit verbreiten.

Zugang – siehe *Internetzugang*

DANKE!

Das größte und beste Dankeschön gebührt allen Kindern in diesem Buch.
Von Anfang bis Ende wart ihr unermüdlich, mit voller Begeisterung und grenzenloser Energie mit dabei. Vielen Dank, dass ihr eure freie Zeit gegeben habt, um mit mir meine teils anstrengenden und manchmal auch etwas komischen Bildideen umzusetzen. Ihr seid einfach nur toll und meine besten Mitspieler!

Darüber hinaus danke ich von ganzem Herzen allen Eltern – für das uns entgegengebrachte Vertrauen und die tatkräftige Unterstützung in all den verschiedenen Situationen.

Ein freudiges Yo-Danke-Hey geht an mein Team, allen voran Anna Schäflein. Ohne Anna wären diese Bücher und die Produktion kaum vorstellbar. Und für alles Drumherum: Marius von Holleben und Violetta Donhöffner aus dem Büro – Yo Yo!

Ein großes Dankeschön gebührt außerdem Christa Raqué für strahlende Kinder, Christina Oette von Lichtkind, Cecilia Ragan-Rabini von Younger Models, Vlora Stappenbeck von Junior Models und dem Meister der Bilddaten Joscha Bruckert.

Für bewusste wie unbewusste Unterstützung bei der Produktion geht ein lieber Dank an Titelinspirant Christopher Martens, Computerheld Bela Voigt, Lieblingsnachbarin Sarah Illenberger, Spielsachenmogul Onkel Philipp und Oceloteranerin Maria-Christina Piwowarski.

JvH

Dem Dankeschön von Jan schließen wir uns an. Außerdem danken wir für ihre fachliche Unterstützung und für ihre Geduld mit uns der Medienpädagogin Andrea Kallweit, den Programmierern Uwe Sievers, Philipp Dyllus, dem Redakteur Holger Bleich, den Juristen Jan Schallaböck und Dr. Paul Klimpel und natürlich ganz besonders allen Kindern, die dieses Buch mit ihren schlauen Fragen auf seitenstark.de und anderswo erst ermöglicht haben.

Jane Baer-Krause und Kristine Kretschmer

Das Online-Projekt seitenstark.de informiert Kinder über das Internet und ist gleichzeitig eine Startrampe in eine unabhängige, sichere und vielseitige Landschaft von rund 60 miteinander vernetzten Websites für Kinder. Sie bedienen die unterschiedlichsten Themen, erfüllen jedoch alle selbst bestimmte Qualitätskriterien. Die Herausgeber der Seiten sind Mitglieder des Netzwerkes Seitenstark und des Seitenstark e.V. Sie sind privat engagiert oder Vertreter aus Bildung, Kultur, Verwaltung und Wirtschaft. Viele Mitgliedsseiten tragen Gütesiegel oder Auszeichnungen wie den »Grimme online Award«, die »Giga-Maus«, oder den »Kids Award«. Das Netzwerk selbst wurde mit dem Klicksafe-Preis für vorbildliche Sicherheit im Netz ausgezeichnet.

Jan von Holleben, geboren 1977, studierte zunächst Sonderpädagogik in Freiburg und später Theorie und Geschichte der Fotografie am Surrey Institute of Art and Design in Farnham in Großbritannien. Nach sieben spannenden Jahren in London als Art Director, Bildredakteur und Gründer verschiedener Kunst- und Fotoorganisationen lebt er heute in Berlin und arbeitet als Fotograf und Künstler unter anderem für Geo, Geolino, Die Zeit, Zeit Leo, den SPIEGEL, »Dein SPIEGEL«, Neon, Eltern, Chrismon und SZ Magazin.
www.janvonholleben.com
Kontakt: admiral@janvonholleben.com

Jane Baer-Krause, geboren 1958 in Hannover, ist freie Journalistin, Initiatorin und Mitherausgeberin von religionen-entdecken.de und seit 2006 bei Seitenstark. Sie studierte Sozialwissenschaften, absolvierte ein Zeitungsvolontariat, arbeitete in einer Nachrichtenagentur, für politische Fachzeitschriften, für touristische und andere Medien. 1996 entdeckte sie ihre Leidenschaft für Kindermedien. Damit ist sie seit 2000 auch online unterwegs. Jane Baer-Krause ist verheiratet, hat zwei erwachsene Söhne und lebt bei Hannover.

Kristine Kretschmer, geboren 1953 in München, studierte Soziologie und ist seit langer Zeit als freie Journalistin und Autorin tätig. Sie hat sich auf die Arbeit für Kinder spezialisiert und erstellt Radiobeiträge, oft gemeinsam mit Kinderreportern, schreibt Audioführungen für Museen und organisiert jedes Jahr eine KinderUni in Berlin. Seit 1998 ist sie Mitherausgeberin der Kinder-Nachrichtenseite sowieso.de. Kristine Kretschmer hat zwei erwachsene Kinder und lebt in Berlin.

In dieser Reihe ist bei Gabriel ebenfalls erschienen:
Kriegen das eigentlich alle? – Die besten Antworten zum Erwachsenwerden
Denkste?! – Verblüffende Fragen und Antworten rund ums Gehirn
Wie heißt dein Gott eigentlich mit Nachnamen? – Kinderfragen zu fünf Weltreligionen

von Holleben, Jan/Baer-Krause, Jane/Kretschmer, Kristine:
WWWas?
ISBN 978 3 522 30447 4

Mit Unterstützung des Netzwerkes Seitenstark und des Seitenstark e.V.
Empfohlen von „Dein SPIEGEL“
© SPIEGEL-Verlag Rudolf Augstein GmbH & Co. KG, Hamburg 2016

Idee, Konzept und Fotografie: Jan von Holleben
Texte: Jane Baer-Krause, Kristine Kretschmer
Fragenpool: seitenstark.de
Juristische Unterstützung: iRights.Law Rechtsanwälte
Technische Beratung: Uwe Sievers, Philipp Dyllus, Holger Bleich (Kapitel 1 und 3)
Medienpädagogische Beratung: Andrea Kallweit
Kinder: Anna-Magdalena und Marie Bammel, Kolja Bosch, Gankar Dolma Yangchen Centurier, Tomke Coldewey, Jasper und Kolja Degen, Tori Deutscher, Bella Diallo, Linus Dowe, Isabelle und Milan Evers, Letizia Fink, Emilia Meena Gauri, Lilli Germar, Elvis Elijah Giani, Victoria Glück, Konrad und Josi Haffmans, Stine Hantschk, Tim Heine, Marisol Lilly Helten, Emilia Hennig, Helena und Johanna von Holleben, Lucie Kanter, Juliana Kebschull, Hugo Köhler, Philipp König, Fergus und Scarlett Lockwood, Matthis Lüddemann, Nina Lugani, Ida Mammen, Mats Neutze, Hannia und Isabella Niemann, Oskar Päffgen, Noah und Zoe-Amina Papadimitriou, Nikola Petrovic, Young-Jun Pohl, Annely Gerda Prey, Moritz Rafflenbeul, Ella Rotsch und Hanna Rotsch, Mathis und Solveigh Ann Rügamer, Robel Tecle, Lucia Weißer.
Einbandtypografie: Dagmar Herrmann
Vorlage Innenlayout: Rüdiger Joppe
Satz: Tanja Haaf
Reproduktion: Digitalprint GmbH, Stuttgart
Druck und Bindung: Livonia Print, Riga

© 2016 Gabriel
in der Thienemann-Esslinger Verlag GmbH, Stuttgart
Printed in Latvia. Alle Rechte vorbehalten.
2. Auflage 2017